IN GESPREK MET KARDINAAL DANNEELS

Auteurs: Jan Becaus en Christian Laporte
Foto cover: Frank Bahnmüller
Vormgeving en druk: Halewijn nv

D/2009/5930/023
ISBN 978-90-8528-123-8

IN GESPREK MET KARDINAAL DANNEELS

Jan Becaus en Christian Laporte

halewijn

VOORWOORD

Als er iemand in het Belgisch 'establishment' de 'rustige vastheid' belichaamt is het Kardinaal Danneels. De vanzelfsprekendheid van zijn geloof, zijn onverstoorbaarheid bij moeilijke vragen en zijn minzaamheid schragen dat veilig gevoel. Hij staat ver van de triomferende Kerk en de onaantastbaarheid van Kardinaal Van Roey en van het aristocratische van Kardinaal Suenens. Godfried Danneels is de onderwijzerszoon uit het landelijke Kanegem gebleven die in beelden uit het leven gegrepen zijn opvattingen tot leven brengt. De Kardinaal is ook een man van verzoening in de lijn van de grote Belgische en Vlaamse traditie. Hij laveert tussen tegengestelde standpunten door en vindt de woorden die helen en zalven. Wellicht is hij teveel bruggenbouwer voor Rome, dat teveel leeft in de kloof tussen moderniteit en traditie.

De Kardinaal verzoent de nog amper gelovige en de religieus onverschillige met het katholicisme. Het is in hem niet meer het geloof van geboden en verboden maar van aandacht, zorg en begrip. De Kerk is geen vijand meer maar een positieve kracht, ook al is de waarheid voor velen vandaag een wereld die niet de hunne is. De Kardinaal is het beste wat de Kerk onze landgenoten kan bieden. De vraag is of zijn verdwijnen van de publieke scene geen haast onvervangbare leegte achterlaat.

Het is de grote opgave van de Kerk om die geest te bewaren, de enige die een toekomst heeft. Het overwinnen van de crisis van het geloof en van het instituut is een werk van generaties en zelfs dan zal het nooit meer zijn als voorheen.

Kardinaal Danneels is daarin een voorloper geweest.

Herman Van Rompuy
Voorzitter Europese Raad

I JEUGD TE KANEGEM 1933–1951

75 jaar geleden, op Pinksterzondag 4 juni 1933, werd u geboren als eerste kind van Hendrik Danneels en Madeleine Stofferis. Uw vader was van Dudzele. Hoe kwam hij eigenlijk in Kanegem terecht?

Mijn vader was thuis de oudste zoon. Zijn vader is vroeg gestorven. Zoals in die tijd de gewoonte was, mocht mijn vader voor onderwijzer studeren. Er was maar één normaalschool in West-Vlaanderen, in Torhout, en de studie duurde toen twee jaar. Ik denk dat hij, héél jong nog, met 18 jaar gediplomeerd was. De onderpastoor van Kanegem, die een parochieschooltje had, zocht op dat moment een onderwijzer. Waarschijnlijk heeft hij de lijst opgevraagd van de gediplomeerden en heeft hij zo mijn vader gevonden. Vader is dan van Dudzele naar Kanegem getrokken, ik weet niet meer juist in welk jaar, om voor zijn moeder kostwinner te zijn. Zijn moeder was naaister en dat bracht niet veel op. Mijn vader logeerde boven een slagerij. In augustus 1932 is hij getrouwd met een meisje van Kanegem, de dochter van een bakker, die

Godfried Danneels (bovenste rij, uiterst links) in het eerste leerjaar, Kanegem (1939-1940)

Bron: privé-archief kardinaal Danneels

Geboortedag van Godfried Danneels

Op 4 juni 1933, zondag van Pinksteren, wordt in Kanegem Godfried Danneels geboren, zoon van Hendrik, onderwijzer, en Madeleine Stofferis. Godfried is hun eerste kind, er zullen er nog 5 volgen.

Boekverbranding in Schwerin

Pinksterzondag, 4 juni 1933. In de Noord-Duitse stad Schwerin valt de avond. De NSDAP organiseert een Heimattreffen en wil dat op een spectaculaire wijze openen. De nationaalsocialisten hebben verzamelen geblazen rond de Pfaffenteich, een grote vijver in ellipsvorm in het centrum van de oude stad. Rond het water staan de mensen rijen dik en op de boordstenen hebben leden van de SA postgevat, de Sturmabteilung of militie van de NSDAP, elk met een nog gedoofde fakkel in de hand. Ze wachten op een signaal om hun toortsen aan te steken. Stipt om kwart over tien wordt een vuurpijl afgeschoten en in een mum van tijd werpen alle toortsen een flakkerende gloed op het wateroppervlak. Nu wordt een vlot in het midden van de grote vijver goed zichtbaar. Daarop ligt een stapel met teer doordrenkt hout, met tussenin honderden boeken. Zogenaamde "Schmutz- und Schundliteratur", snertboeken in de ogen van de nazi's. Tegelijk met de fakkels ontsteekt een onzichtbare hand ook de brandstapel. Terwijl het vuur zijn vernietigend werk doet, houdt acteur Arno Hoss van het Mecklenburgse Staatstheater een toespraak. Hij hamert er bij de volksgenoten van het nieuwe Duitsland op, dat "alleen de geest en de gedachtenwereld die uit Duitse boeken spreken, Duits en zuiver zijn." Nog is de show niet ten einde. Als er op het vlot alleen nog smeulende asse overblijft, wordt op de middelste toren van de Adolf Hitlerkazerne een enorme hakenkruisvlag gehesen. Aan het noordeinde van de Pfaffenteich, tegen de gevel van de elektrische centrale, licht een reusachtig hakenkruis op uit honderden gloeilampen. Advocaat Steinfatt verklaart aan de massa de symbolische daad in het licht van de culturele doelstellingen van de nationaalsocialisten. Na een daverend Deutschland- en Horst Wessellied gaan de mensen naar huis.

Uit de 'Mecklenburgische Zeitung' van 6 juni 1933

De boekverbrandingen in nazi-Duitsland begonnen op 10 mei 1933 in tientallen Duitse universiteitssteden en waren na de machtsovername door de nationaalsocialisten het hoogtepunt van de campagne "Tegen de on-Duitse geest". Er werden zwarte lijsten opgesteld van "ondermijnende geschriften" die verwijderd moesten worden uit publieke en private bibliotheken. In de kranten werden de namen van zogenaamd onduldbare schrijvers afgedrukt met de plaatsen waar hun boeken zouden worden verbrand. Onder het scanderen van "Feuerspruechen" , bezwerende vuurleuzen, gingen duizenden werken van filosofen, wetenschappers, dichters, romanschrijvers en politieke auteurs op de brandstapel. De hele campagne was tot in de puntjes voorbereid door de Centrale voor Pers en Propaganda van de Duitse Studenten. Het waren dus toekomstige intellectuelen, daarbij geestdriftig gesteund door hun proffen en rectoren, die de hele "zuivering" leidden. Tegen eind mei 1933 was er alleen al in Berlijn 500 ton boeken in beslag genomen.

tegenover de kerk woonde. Naast het grote huis van de bakker, van mijn grootvader dus, bouwden ze een klein huisje. Het staat er nog. Er hangt nu een koperen plaat aan de deur, zoals bij een notaris, waarop staat dat het mijn geboortehuis is. In dat kleine huisje zijn mijn ouders gaan wonen. Daar zijn zes kinderen groot geworden. Hoe we er in konden, weet ik niet. We zaten ook af en toe bij mijn grootvader, want achteraan liepen de koertjes van beide huizen ineen.

Uw grootvader langs vaders zijde is vroeg gestorven?
Ik heb hem nooit gekend. Hij was al een hele tijd overleden toen mijn vader zijn diploma haalde. Ik denk dat hij aan een ziekte gestorven is.

Wat voor een man was Hendrik Danneels?
Mijn vader was een echte onderwijzer. Dat wil zeggen, iemand met drie grote gaven. Dat vond ik toch. Hij was pedagogisch zeer goed ondergelegd; hij kon met kinderen omgaan. Hij had een heel goed invoelingsvermogen. Thuis was hij een goede vader. Wij moesten wel goed opletten, want hij was iemand van orde en strengheid. Ik zat bij mijn vader in de klas en daar mocht je niet veel uithalen.

Hij was ook ongelooflijk nieuwsgierig. Alles wat nieuw was, van wetenschap, techniek, dat wilde hij hebben. Hij was zeker de eerste in Kanegem die een radio had. Hij was ook de eerste met een platenspeler. Ik denk niet de eerste met een televisietoestel, maar het scheelde toch niet veel. Die dingen wilde hij hebben. In de tweede helft van zijn leven, had moeder het daar niet makkelijk mee. Hij ging elke week naar de markt van Brugge. Daar staan marskramers die allerlei nieuwe gadgets aanprijzen. Bijvoorbeeld om vlekken uit kleren te halen. Hij had bijna elke week een nieuw vlekkenwater mee, dat hij op zijn kostuum uitprobeerde, waardoor de vlek alleen maar groter werd... Moeder hield dus telkens haar hart vast voor wat hij weer zou meebrengen.

Hij schreef ook boeken?
Hij had, denk ik, les gevolgd om in kleine dorpen aan boeren en tuinders wat hulp te bieden. Hij ging ook veel spreken, vooral op zondagvoormiddag na de hoogmis, in cafés, voor boeren en tuinders. En hij had zich gespecialiseerd in kleinvee. Konijnen, duiven, kippen. Hij is daar veel mee bezig geweest. En hij heeft inderdaad twee boekjes

geschreven. Het eerste, typisch mijn vader, met een heel slechte titel, want die was veel te lang. Luister maar: 'Wat ik hoorde en meende te moeten zeggen over het geselecteerde kuiken'. Zo'n titel zet je vandaag toch niet op een kaft! Dat is een half blad tekst! Van het tweede ontsnapt me de titel, maar het ging over kippenkweek.

Ik kan me voorstellen dat hij veel las? Waar haalde hij die wetenschappelijke werken?
Er was een parochiale bibliotheek, maar daar vond je alleen maar Claes, Rodenbach en Gezelle. Meer was er niet. Mijn vader was ook geabonneerd op tijdschriften. Vreemd eigenlijk, geen wetenschappelijke magazines, maar bijvoorbeeld De Haagse Post, een Nederlands revue. Hij las ook veel kranten.

Was hij abonnee?
Hij las elke dag een Vlaamse krant. Tijdens de oorlog was dat 'Volk en Staat'. En altijd 'La Libre Belgique'. Hij leerde een beetje overal. Hij volgde ook cursussen. En af en toe las hij vulgariserende boeken over bijvoorbeeld konijnen en duiven.

Welke talenten heeft u van uw vader geërfd?
Ik denk dat ik ze alle drie heb. Ik denk dat ik even nieuwsgierig ben als hij, zeker ook pedagogisch goed ondergelegd, ik kan heel veel empathie hebben met het publiek waarvoor ik spreek. Streng zou ik mezelf niet durven te noemen, toch niet als een schoolmeester. Want ik heb ook nog iets van mijn moeder. Mijn moeder was een heel, heel zachte, rustige vrouw, die heel goed kon relativeren. Ze had een oneindige 'compassie' met de mensen. Ik heb mijn moeder nooit iemand die iets slechts gedaan had zomaar horen veroordelen. 'Zie 'n keer die sukkelaar, hij moest dat niet gedaan hebben!' Ik denk dat ik dat ook een beetje heb. Ik kan moeilijk harde beslissingen nemen.

Spraken jullie thuis West-Vlaams?
Het was geen echt West-Vlaams. Het Kanegems is bijna Oost-Vlaams, want het ligt op de grens van West- en Oost-Vlaanderen. Tielt, 6 km oostelijker, is nog West-Vlaams. Poeke, 2 km naar het westen, is Oost-Vlaams. Het Kanegems is een gemengde taal, geen echt West-Vlaams zoals Brugs en Poperings en Roeselaars. Een beetje gematigd West-Vlaams.

Toen was er van ABN nog geen sprake, ook niet op school?
Op school was het ABN, maar met een sterk West-Vlaams accent, hé.

En ben je de lokale tongval kwijt?
Met mijn familie spreek ik altijd West-Vlaams, enfin het onze... Maar hier in Mechelen spreek ik het nooit, ik denk er zelfs niet aan. Sinds 30 jaar spreek ik Algemeen Beschaafd Nederlands, weliswaar met een licht West-Vlaams accent. Dat is onuitwisbaar, 't is bijna een merkteken.

Wie van uw ouders was het meest gelovig?
Alle twee waren ze gelovig. Mijn vader had een intellectueel geloof. Hij stelde ook vragen, kritische vragen. Aan zichzelf, niet aan ons. Mijn moeder had een zeer eenvoudig, maar heel menselijk geloof. Mijn vader las veel. Mijn moeder las niets, of bijna niets.

Ik herinner me nog goed dat mijn vader problemen had met de pastoor. In die dorpen toen maakten onderwijzers en pastoors gemene zaak. Maar de pastoors die wij kregen in Kanegem, een klein dorp van 1000 zielen, dat waren allemaal, of bijna allemaal pastoors die elders afgedankt waren...

... waarom?
Ze hadden problemen gehad, of ze hadden een onmogelijk karakter... Dan werden ze in een klein dorp geplaatst; en wij hadden bijna altijd zo'n pastoor.

Ik had een echte tweede Walschap kunnen worden, weet je dat?
Ik was een jaar jonger dan mijn klasgenootjes, maar ik volgde de catecheselessen met hen. De pastoor had iets tegen mijn vader, omdat hij niet wou dat ik misdienaar werd. Vader vond dat ik nog te klein was om zo vroeg op te staan. En de pastoor dacht: 'Nu zal ik hem eens hebben, die schoolmeester!' Dus hij liet me de catecheselessen volgen ter voorbereiding van mijn vormsel. Maar een maand voor de grote dag zei hij: 'Luister, ik weet niet of jij gevormd mag worden, want je bent te jong. Ik moet dat vragen aan de bisschop'. Op de vooravond van het vormsel had hij nog altijd geen antwoord. Wanhopig vroeg ik hem: 'Maar wat moet ik nu doen?' 'Wel,' zei hij, 'Kom morgen naar de kerk en stel je helemaal achteraan. Als monseigneur morgen aankomt, zal ik het hem vragen en als ik voorbij jou kom in de middenbeuk, zal ik je zeggen ja of nee'. Natuurlijk heeft hij nooit iets gevraagd aan de bisschop. Hij passeerde me en zei: 'Wel 't is goed, je mag gevormd worden, als laatste'. Ik vertelde dat aan mijn vader, die natuurlijk al op de hoogte was. En vader, die nochtans erg loyaal was tegenover de Kerk, zei me: 'Luister jongen, de Kerk zal langer bestaan dan de pastoors'. Maar die pastoor had mij toch enkele maanden aan het lijntje gehouden, mij, een kleine jongen, van wie hij wist dat ik zeer gevoelig was voor die zaken...

Baden jullie thuis?
Ja, maar wij overdreven niet. Wij gingen wel naar de mis en we gingen zelfs bijna elke dag. Mijn vader ging niet elke dag. Die ging op woensdag en vrijdag. Nooit meer, je moet niet overdrijven...

...en op zondag natuurlijk ?
En op zondag, ja. En ja, wij baden. Vooral in de meimaand. In de meimaand, 's avonds, voor de kinderen gingen slapen, toen baden we rond de schoorsteenmantel, want daar stond een Mariabeeldje op. Dat herinner ik mij nog zeer goed. In de meimaand, en in juli voor het Heilig Hart. Voor de rest niet alle dagen.

Gingen jullie soms op bedevaart?
Nooit in familieverband. Moeder ging elk jaar naar Oostakker, het dichtstbijzijnde heiligdom. En op 19 maart naar Leuven, naar de Sint-Jozefskapel van de paters van de Heilge Harten, waar het graf van Damiaan is.

De Kerk speelde al heel vroeg een enorme rol in uw jonge leven. U was gefascineerd door de liturgie?
Liturgie is altijd de moeite waard om naar te kijken, maar de wijze waarop dat toen gedaan werd. Dat was zo arm!

Mijn vader was iemand die van liturgie hield, maar hij zag zeer slechte liturgie op de parochie. De pastoor en de onderpastoor waren eigenlijk geen specialisten. Maar mijn vader legde toch iedere keer in de Goede Week in de klas uit wat er 's anderendaags zou gebeuren, op Witte Donderdag, Goede Vrijdag, Paaszaterdag... Niemand ging naar die ceremonies, maar vader legde het toch uit. En op een Goede Vrijdagavond legde hij dus uit wat er 's anderendaags, op Paaszaterdag, zou gebeuren in de kerk.

De paaswake had toen zeer vroeg plaats, om 5 uur 's ochtends, en niet zoals nu 's avonds. Mijn vader legde dus de betekenis uit van het vuur, de paaskaars, de profetie, het doopwater. Ik naar huis en toen vader thuiskwam zei ik: 'Morgenvroeg ga ik naar de kerk'. Vader antwoordde: 'Niks van, je bent nog veel te klein'. Maar ik bleef maar zeuren en aandringen. Nadat vader 4 tot 5 keer geweigerd had, zei moeder: 'Maar waartoe dient het om hem alles uit te leggen in de klas en hem dan niet te laten gaan?' En vader gaf toe, maar hij wou er niet voor opstaan. 'Zet je wekker maar op 4.30 uur'. De kerk lag op 50 meter van ons huis. Het was nog aardedonker toen ik het huis uit ging. Achterin de stikdonkere kerk waren de pastoor, de onderpastoor en de koster bezig vuur te maken, met een lont. Toen de pastoor me zag, moet hij gedacht hebben: 'Die is thuis weggelopen!' Maar hij zei niks. Hij hoopte waarschijnlijk dat ik nadien toch misdienaar zou worden, wat vader tot dan toe geweigerd had. En de pastoor riep me naderbij. Samen met die drie mannen heb ik de hele lange ceremonie bijgewoond. Ze deden kleine dingen: vuur maken, zingen voor een kaars, de doopvont zegenen. De gelovigen kwamen pas tegen zeven uur naar de kerk, om wijwater te halen. Die ceremonie van het vigilie van Pasen heeft een enorme en levenslange invloed op mij gehad. Mocht ik ze nu zien, zou ik zeggen: 'Hoe armetierig!' Maar daar heb ik gezien dat het niet zozeer de vorm is, de verpakking waarin iets zit, die telt. Er is meer aan de hand. En dat had ik meteen begrepen. Ik voelde dat wat zich daar afspeelde zeer ernstig was.

Het is dus niet zo dat de vorm primeert op de inhoud?
Voor mij niet. Maar ik kan dat niet uitleggen. Ik zeg niet dat je de vorm niet moet verzorgen. Maar er hing daar een fluïdum in de lucht, bijna een magnetisch veld waarin ik binnentrad. En ik dacht bij mezelf: hier is iets onzichtbaars aan het werk. Die eigenschap van de perceptie van het niet-zichtbare, die heb ik nog altijd.

Er was een tweede zaak die me ook sterk beïnvloed heeft. Dat was tijdens de oorlog. We waren niet arm en we hadden geen eten te kort. Maar achter ons woonde er een familie die echt honger had. Daar woonden mijn speelkameraadjes. En dan zei moeder als ik 's middags ging spelen: 'Je mag daar niet blijven eten om vier uur, want die mensen hebben geen eten. Dus naar huis komen, hoor je!' En ik deed dat. Maar de keren dat ik thuis boterhammen heb meegenomen om aan mijn speelkameraadjes te geven, zijn niet te tellen. Dat heeft een grote invloed op mij gehad, op sociaal vlak. Maar toch moet ik bekennen dat de liturgie toen en nu bij mij primeert op het sociale. Ik hou van de twee, maar het onzichtbare in de liturgie leert me meer dan het zichtbare.

U bent dan toch akoliet geworden en u bent het jaren geweest?
Ja, daarna. Tot aan het college en zeker nog later, na het college tijdens de vakanties. Tot mijn 14, 15 jaar, want in die tijd was je met 16 jaar geen misdienaar meer. Het is niet zoals nu dat je nog akoliet kunt zijn na je 18de.

Was uw familie goed geïntegreerd in Kanegem?
Ja. Aan twee kanten. Mijn vader was onderwijzer en hij heeft alle jongens van heel de parochie in zijn klas gehad, gedurende 30 jaar. Hij kende dus de hele parochie. Als het kermis was en ze passeerden 's nachts voor het huis waar wij woonden, al zingend en roepend, dan wist vader wie het was. Ook moeder was helemaal ingeplant. Ze was daar geboren, haar ouders waren daar geboren en zij kende dus alle mensen. Wij kenden echt iedereen in het dorp.

Mijn vader was veeleer terughoudend. Hij ging niet op café, nooit. En hij hield zich altijd op de afstand van een onderwijzer, zeg maar. Iedereen noemde hem 'meester'. Vader was niet echt volks.

Hij speelde niet in een fanfare, als er al een was?
Nee, maar hij heeft er wel een gedirigeerd, die van een dorp verder. Hij was erg muzikaal.

Speelde hij ook een instrument?
Ik denk dat hij ooit klarinet gespeeld heeft, maar ik heb het hem nooit weten doen. Ik heb hem meer gekend als dirigent. Dat waren toen trouwens heel eenvoudige fanfares, hoor, dat leek nergens op.

Hield hij zich bezig met de lokale politiek?
Absoluut niet! Tijdens de oorlog had hij de leiding van Winterhulp, een organisatie die elke zaterdag soep maakte voor de armen. Hij had dat op zich genomen, omdat hij nogal wat boeren kende die hem vlees en groenten konden bezorgen voor de soep. Hij heeft dat drie, vier jaar gedaan. Na de oorlog werd hij door een dorpeling aangeklaagd wegens collaboratie met de Duitsers. Hij werd opgepakt en gedurende twee dagen opgesloten in Sint-Kruis bij Brugge. Daar zag men snel in dat er hem niets te verwijten viel. Toch heeft die zaak hem fel getekend. Ik herinner me nog dat we 's zondags naar de kerk gingen en dat er een papier aan de kerk hing met: 'Hendrik Danneels is een collaborateur'. Op dat ogenblik en zelfs daarvoor heeft hij nee gezegd tegen de politiek. Hij heeft erg geleden onder die aanklacht.

Wist hij wie zijn aanklager was?
Natuurlijk. Het was een simpele weerwraak voor een oud dispuut. Na enkele weken was alles voorbij…

Was er een katholieke meerderheid toen, in Kanegem?
Homogeen katholiek.

U bent geboren in het jaar dat het nazisme in Duitsland de kop opstak, en niet zolang daarna de Spaanse burgeroorlog en de Tweede Wereldoorlog. Werd daarover gesproken?
Nee. Eigenlijk leefden wij buiten de oorlog. Ik was zeven jaar toen de oorlog uitbrak. De enige herinnering die ik eraan heb, is dat we in de kelder zaten met de familie. Ook herinner ik mij de Amerikaanse en Engelse vliegtuigen die kwamen overgevlogen. Die gooiden van die zilverpapiertjes uit, tegen de radar, denk ik, om de radiogolven te storen. De wegen en akkers lagen er vol van. Dat herinner ik mij nog goed. En dan de Bevrijding door de Polen. Die kwamen met twee

tanks door ons dorp gereden. Er is geen schot gelost. Behalve bij het wegtrekken van de Duitsers, enkele uren tevoren. Er was door een verzetsman geschoten op een terugtrekkende Duitse kolonne. Daarop zijn de Duitsers binnengedrongen in een huis waar een gezin met drie kinderen woonde, een meisje en twee jongens. Doodbrave mensen en heel optimistische, vriendelijke kinderen. De vader, de moeder en de twee kinderen zijn doodgeschoten. Een van de jongetjes, mijn vriend eigenlijk, hij was net zo oud als ik, is in de struiken gevlucht; hij werd in de arm geschoten en was de enige die de slachting overleefd heeft. Later zat hij met mij op school. Ik denk dat hij jong gestorven is. De Duitsers hebben dat huis ook in brand gestoken, met de lijken erin. Ik herinner me goed dat er 's avonds in de kerk een dienst was, met drie, vier haastig dichtgespijkerde kisten waarin de verkoolde resten lagen. Dat was verschrikkelijk om te zien. Dat beeld vergeet ik nooit.

Waar hebt u de eerste Duitsers gezien in 1940?
In het dorp. Die trokken daar door en waren snel voorbij. Er is eigenlijk nooit geschoten in ons dorp, tenzij op het einde van de oorlog, op die ene familie die een beetje buiten Kanegem woonde.

Uw vader hield zich ver van alles wat met de Nieuwe Orde te maken had.
O ja, daar was hij niet voor. Politiek interesseerde hem niet en mij heeft hij er in elk geval nooit iets over verteld.

Waren er in Kanegem jongens die naar het Oostfront getrokken zijn?
Ik heb er geen weet van. Wellicht moet er wel ergens iemand geweest zijn, maar dat was bij ons thuis geen gespreksonderwerp. Niemand interesseerde zich daarvoor, mijn vader niet en de kinderen evenmin. En moeder hield absoluut niet van politiek.

Luisterde u naar radio-Londen?
Mijn vader misschien, als wij naar bed waren, da's mogelijk. Ik heb dat nooit gehoord. Maar bij ons thuis stond de radio wel op de tafel. Op zaterdagavond zaten we met z'n allen rond de tafel om naar een satirisch programma te luisteren op de Nederlandse radio. Met z'n allen rond dat kleine radiootje. Maar dat was wel na de oorlog...

U bent de oudste van zes. Heeft dat u belast met een gevoel van verantwoordelijkheid?
Ja, toch een beetje. Je moet toch het voorbeeld geven, hé.

En werd u dat ook op het hart gedrukt: 'Je bent de oudste'?
Dat ging vanzelf. Men behandelde mij als een volwassene en als je dat zo aanvoelt, dan handel je ook als een volwassene.

Hebt u de gelegenheid gehad om volop kind te zijn?
Ja en nee. Ik was heel gelukkig. Ik kreeg boekjes van mijn vader en alle soorten dingen. Hij kocht mij elke week een Robbedoes. Ik kreeg veel lectuur van hem. Hij responsabiliseerde mij toch ook hoor.

En u ging liever lezen dan voetballen?
Ik was te klein om te voetballen. Ik ben nooit groot geweest en was slecht in voetballen. Ik heb dat gecompenseerd door te studeren. Ik dacht: de anderen mogen hard kunnen shotten, ik zal tenminste de eerste van de klas zijn.

In september 1945 trekt u naar Tielt, naar het Sint-Jozefscollege. Vlakbij Kanegem, maar toch gaat u op internaat. Waarom?
Het is, denk ik, moeder geweest die zei: 'Ik wil niet dat hij elke avond met de fiets in het donker die zes kilometer over een slechte weg en in de kou naar huis komt. Hij is te klein en te zwak'. En dus bleef ik in Tielt.

En u nam daar vrede mee?
Ja, ik heb mij daar nooit slecht bij gevoeld. Maar op zondag, na de vespers zo tussen vier en zes, dan kregen we heimwee naar huis. Allemaal. Maar we maakten er het beste van. We zaten in de studiezaal te lezen. En de surveillant had een radio met platenspeler. Hij draaide platen, serenades. 'Dichter en Boer' en al de schlagers van dat ogenblik...

Voor de allereerste keer moest de bolleboos, want ik vermoed dat u al de slimste was in Kanegem, zich meten met het puik van de jongens uit een grote regio. Spoorde dat u aan tot grotere inspanningen?
Ja, dat was dubbel. Ik wilde 'iemand' zijn. Fysiek en sportief was ik niets. Ik kon niet goed voetballen, ik kon niet goed lopen en ik wilde dat compenseren. Maar ik was ook zeer nieuwsgierig en ik studeerde graag. Voor mij was dat een wereld die open ging: Latijn, Grieks, Frans, Engels, Duits, geschiedenis, een hele wereld die zich aan mij openbaarde.

En u was in alle vakken, behalve in L.O., de eerste van de klas!
Voor Lichamelijke Opvoeding was ik bij de allerlaatsten. En in tekenen was ik ook niet zo goed.

Waren er figuren tijdens uw studie die u extra bewonderde ?
De grote klassieke auteurs die wij lazen in de klas, Vergilius en Homerus enzovoort. In de Nederlandse literatuur hadden we een zeer beperkte keuze: we gebruikten een anthologie opgesteld door de jezuïeten, een zeer gekuiste bloemlezing. We lazen alleen maar dingen waarvan ik nu zeg: jongens, lees dat niet. Potgieter bijvoorbeeld. Wat ze ons lieten lezen, dat was zwak. De Franse literatuur daarentegen! We hadden in de laatste drie jaar zeer goede leerkrachten voor Frans. Daar heb ik mijn Frans eigenlijk geleerd.

Mijnheer Moerman...
Moerman was van Kortrijk, maar Franssprekend. Het laatste uur op zaterdag, als iedereen toch moe was, las hij voor uit 'Le Grand Meaulnes' (roman van Alain-Fournier, nvdr). Hij moest af en toe wel eens iets vertalen, maar hij las het toch in het Frans voor. Van de grote Franse literatuur heb ik veel opgestoken.

Welke grote Franse auteurs hebben u toen getroffen?
We lazen Verlaine, Rimbaud, de Musset. De klassieken. Racine bijvoorbeeld.

Baudelaire stond nog op de index...
Ik denk niet dat we iets van hem gelezen hebben...

Zelfs niet 'l'Albatros', wat toch een 'proper' gedicht is?
Toch wel, dat stond in de 'Modèles français'.

Met 'bewonderen' bedoelde ik eigenlijk dwepen, wat pubers nogal eens willen doen. Was u een dweper?
Ik dweepte vooral met mijn leraars, vooral met één, die van Kanegem was.

Priester-leraar Daniël Billiet...
Hij had in een Duits werkkamp gezeten en daarna multiple sclerose gekregen. Met hem had ik een heel nauwe band.

Was Daniël Billiet verzetsman geweest?
Nee, hij was krijgsgevangen genomen in mei 1940, naar Duitsland gedeporteerd en had daar twee jaar of langer vastgezeten. Hij werd er ziek en is dan teruggekeerd.

En wat gaf mijnheer Billiet?
Toen gaf men alles, hé. In de vierde Latijnse gaf hij Latijn, Grieks, alles eigenlijk, behalve wiskunde en fysica.

Begin middelbare studies G. Danneels

3 september 1945. In het Sint-Jozefscollege in Tielt vat Godfried Danneels, net 12 jaar geworden, zijn middelbare studies aan. Hij zit in de 6de Latijnse klas B. Ondanks de nabijheid van Kanegem is hij intern. Hij zal er zes jaar blijven en elk jaar de eerste van de klas zijn. Hij is de beste in bijna alle vakken: Latijn, Grieks, Nederlands, Frans, Engels, Duits, geschiedenis, aardrijkskunde, wiskunde, natuurwetenschappen, kunstgeschiedenis en, uiteraard, godsdienst. Op 30 juni 1951, schenkt de stad Tielt het Gulden Eremetaal aan de leerling in Retorica die de Eerste prijs in Uitmuntendheid behaalde, de heer Godfried Danneels uit Kanegem.

De Japanse overgave

Baai van Tokio, 2 september 1945. Op het dek van het Amerikaanse slagschip USS Missouri wordt alles in gereedheid gebracht voor de officiële ondertekening van de Japanse overgave. Kapitein Stuart Murray van de USS Missouri heeft om 08.00 uur een set vlaggen laten hijsen aan de hoofdmast en een Union Jack aan de boeg. Maar aan de deur van de kapiteinskajuit, goed zichtbaar voor de ondertekenaars, hangt nog een andere vlag. Een vaandel met geschiedenis. Het heeft gewapperd aan de mast van het schip van commodore Matthew Calbraith Perry, toen die bijna een eeuw eerder de Baai van Tokio binnenvoer, om de Japanse havens open te breken voor de buitenlandse handel. Generaal Douglas MacArthur, opperbevelhebber van de geallieerden, was een afstammeling van de Perry's.

Op het dek staat een tafel met daarop een kleed waarop wat koffievlekken zitten. Het is een eenvoudige tafel uit de mess van het schip. De tafel van de Britse koning George, een cadeau van de Britse Koninklijke familie en waarop de documenten zouden worden getekend, bleek te kort om er alle papieren op uit te spreiden. Na de ceremonie ging de tafel terug naar de eetzaal, waar ze verdween tussen identieke soortgenoten en nooit werd teruggevonden. Op de tafel liggen de verdragen. Het exemplaar voor de overwinnaars is gebonden in leder met goud op snee, met op de kaft het Amerikaanse en Japanse zegel. Het Japanse exemplaar is gebonden in ruw linnen, met niets op de kaft.

Om 09.04 uur begint de ceremonie. De eerste die tekent is de Japanse minister van Buitenlandse Zaken Mamoru Shigemitsu. Hij handelt in opdracht en naam van de Japanse keizer en de Japanse regering. Na hem komt generaal Yoshijiro Umezu, hoofd van de generale staf van de landmacht. Hij tekent in opdracht en in naam van de keizerlijke generale hoofdkwartieren. Na de twee Japanners komen 10 vertegenwoordigers van de geallieerden, met als eerste generaal Douglas MacArthur. Als laatste tekent de Nieuw-Zeelander Leonard M. Isitt. De vertegenwoordiger van Canada, kolonel Lawrence Moore Cosgrave, tekent op de Japanse kopie op de verkeerde plaats, waardoor al wie na hem komt dezelfde fout maakt. In 33 minuten is de ceremonie afgelopen. 72 maanden en 1 dag na het uitbreken van de Tweede Wereldoorlog, zwijgen de wapens. Het wereldconflict kostte het leven aan ruim 72 miljoen mensen. Een ruwe schatting.

“DE ANDEREN MOGEN GOED KUNNEN SHOTTEN, IK ZAL TENMINSTE DE EERSTE VAN DE KLAS ZIJN.”

Die diepe band die u met hem had, kunt u daarover iets meer vertellen?
Hij was voor mij hét ideaalbeeld van de priester. Heel deemoedig, heel biddend, heel vergevend, barmhartig. In hem leefde het mysterie van het lijden. Het geduld en het aanvaarden van het lijden, van het eigen kruis. Daar heb ik dat geleerd. Ik vond hem een merkwaardig man op dat vlak. Want dat is een aspect van het christendom dat men niet graag meemaakt: het mysterie van het lijden en het kruis. Hij was niet doloristisch, verre van, maar hij had een zekere mystiek van het lijden.

Daniël Billiet
Bron: Archief Bisdom Brugge

Was het zijn aanvaarden van het lijden wat u trof?
Zijn ongelooflijke geduld. Die man heb ik nooit horen klagen. En hij was dankbaar voor elke keer dat je hem hielp. We moesten hem ook echt helpen, want op het einde kon hij niet meer lopen.

Was hij een groot pedagoog?
Hij was geen groot intellectueel. Hij kon de vierde Latijnse goed aan. Hij was ongelooflijk toegewijd. Het Latijn dat hij moest geven was ook niet zo moeilijk. ‘De Bello Gallico’ van Julius Caesar. En voorts was het iemand die oog had voor elk van zijn leerlingen. Hij zag ze allemaal graag. Vooral de kleintjes, die niet goed meekonden.

Waren er nog klasgenoten die met hem een speciale band hadden?
Ja. Op het einde zijn we met vieren naar het seminarie gegaan, dat waren alle vier mensen die door hem geraakt waren. We zijn ook allemaal priester gebleven.

Kunnen we stellen dat Godfried Danneels geen priester zou zijn geworden zonder Daniël Billiet?
Dat is mogelijk. Want hij heeft mij altijd gezegd, en dat heeft misschien toch wel iets in mijn leven teweeggebracht: ‘De liefde van God is groter dan het intellectuele prestige’. Ik voelde toen toch een zekere aandrang om professor aan de universiteit te worden. En Daniël Billiet zei me: ‘Kennis is belangrijk, maar de liefde Gods is groter’.

Maar u had de keuze natuurlijk. Met uw verstand en nieuwsgierigheid had u om het even wat kunnen worden. Uw broers zijn andere richtingen uitgegaan. Is het vooral het dienende in de priester wat u aansprak?
‘t Is eigenlijk God, het onzichtbare. Ik ben niet zozeer een man van de religieuze actie. Ik doe dat wel, maar het is meer de andere kant…

…de reflectie?
In het evangelie zijn er twee tendenzen. Bij Matheus en anderen vind je: ‘Hij zond ze twee per twee de weg op om iets te doen’. En dan is er de johanneïsche strekking, die zegt: ‘Ik ben de wijnstok en u bent de ranken’. Het is meer die strekking die mij aantrekt.

U reflecteert liever over het geloof dan dat u het propageert?
Wel, je doet de twee. Maar ik ben meer gefascineerd door reflectie. Ik ben geen man van de harde actie.

U zoekt God niet meer, u hebt Hem al gevonden?
Oh, we hebben Hem nooit gevonden. God is een rare, hé. Iedere keer dat je denkt dat je Hem gevonden hebt, kruipt Hij weer achteruit. En je moet altijd maar verder… ‘t Is net als een klontje suiker tonen aan een klein kind, dan komt het. God doet net hetzelfde.

Is Hij nooit vindbaar?
Hij is vindbaar. Als je hem niet gevonden had, zou je niet doorgaan met Hem te zoeken. Dat speelt samen. Ja, Hij is vindbaar, maar niet vindbaar in de zin van: ‘Ik neem mijn glas vast en ik heb het’.

Heeft u nooit getwijfeld?
Getwijfeld, nee. Behalve de twijfel die eigen is aan de geloofsdaad, d.w.z. het niet vanzelfsprekend zijn. Als je de niet-evidentie ‘twijfel’ noemt, ja, dan heb ik getwijfeld. Het is meer een aanzet om dieper te zoeken dan een echte twijfel.

Maar is het geen goeie zaak om af en toe eens te twijfelen? Om des te meer dichterbij te kunnen komen?
Al de kritiek en vooral de moeilijkheden en vragen over het waarom van het lijden, neem ik zeer ernstig. Vooral de vraag over het onschuldige lijden. Ik heb daar zelf geen antwoord op. Ik stel mij dus de hele tijd vragen.

Tijdens de oorlog heeft u mensen ontmoet die zwaar geleden hebben. Heeft dat uw roeping niet negatief beïnvloed?
Dat had gekund, maar het is niet gebeurd. Ik was ervan overtuigd dat God zich bekommerde om die mensen, dat Hij van hen hield. Dat heeft voor mij altijd vooropgestaan. Dat is een genade, geen verdienste. Ik kan niet uitdrukken wat ik voel. Het lijden is sterk en het geweld en het kwade in de wereld zijn bijna onoverkomelijk. Maar dat alles heeft mij nooit doen twijfelen aan de goedheid van God. Veeleer aan mijn eigen tekortkomingen.

U zegt: 'Ik ben meer een man van de studie dan van de actie'. Ook Cyriel Verschaeve was een priester en een man van de actie. In de tuin van uw Sint-Jozefscollege stond een buste van Verschaeve, die daar ooit leraar was. Hoe staat u tegenover die man die zich tijdens de oorlog schromelijk vergist heeft?
Hij heeft mij nooit veel gezegd.

Ik heb het nu niet over zijn literaire werk, dat ook fel omstreden is...
Zijn literaire werk is niet goed, dat is bombast. Maar hij heeft me nooit aangesproken, ook Rodenbach niet.

Te dweperig? Te weinig fond?
Jaaaaa. Ik weet niet goed hoe ik het moet zeggen, maar ik ben nooit een echte Vlaming geweest van en avant marche! Ik ben geen Vlaming die op de dijk in Oostende loopt en die je moet tegenhouden of hij stort zich uit idealisme in zee. Ik vind zo'n houding waardevol, maar andere zaken zijn het meer. Ik voel me Vlaming, zeker, maar niet in de politieke betekenis, veeleer in de culturele.

Eigenlijk waren uw ouders normale Vlamingen? Vlaamsvoelend?
Mijn vader zeker, zoals alle onderwijzers in die tijd. Maar niet in de mate om hoge schoenen en een korte broek aan te trekken. Dat was zijn stijl niet…

Geen vendelgezwaai en klaroengeschal?
Nee, ik vond dat daarin de waarde niet lag. Maar ik heb wel een heel grote gevoeligheid voor de Vlaamse cultuur. Voor de kleur, de vorm, voor Van Eyck en Memling en Rubens. Voor de gastronomie, de poëzie, enzovoort.

Doet het u pijn dat Verschaeve toch heel veel duizenden idealistische jongens naar het Oostfront gepredikt heeft?
Dat heeft mij voorgoed geleerd dat je heel goed overtuigd kunt zijn van de fundamentele waarheid van je zaak, en dat je er heel slechte conclusies uit kunt trekken. Dé waarheid is altijd groter dan *mijn* waarheid. En ik weet niet of zij niet dachten dat *hun* waarheid *de* waarheid was. En dat is niet waar.

Nochtans bestaat dé waarheid wel voor u, neem ik aan?
De waarheid bestaat wel. De waarheid op zichzelf bestaat, er is er maar één, daarvan ben ik overtuigd. Maar de benadering ervan is altijd partieel en fragmentarisch. Nooit volledig. Men *bezit* nooit de waarheid. Men zoekt haar in de overtuiging dat ze er is.

De waarheid is er, maar ze is niet duidelijk omschreven, niet gedetermineerd?
Wat weten wij over God? We weten enkele dingen over God uit de Bijbel. Maar je moet toch goed opletten. We zullen waarschijnlijk schrikken als we Hem zien. We zullen waarschijnlijk zeggen: 'Zijt Gij ook dat?' We hebben een zeker zicht op God en ik denk dat dat zicht juist is. Het is de juiste richting. Maar wij bezitten God niet. Als je God helemaal zou kennen, dan zou je hem bezitten en meester over Hem zijn. En dat zijn we niet.

Is God de waarheid? 'Verum ' is één van Zijn kenmerken…
Ja, maar we zien er maar een stukje van.

Zijn we te beperkt als mens om ooit meer te vatten?
Ik denk dat het christendom het meest volle zicht heeft op God. Maar God is oneindig veel meer dan wat wij kunnen vatten. Mochten we God volledig begrijpen, dan zouden we zelf God zijn. En dat zijn we niet.

“IK BEN NOG ALTIJD VERLIEFD OP LEUVEN”

Heeft u tijdens uw puberteit contact gehad met iemand die niet katholiek was?
Nee, nee, nee.

Dus u bent eigenlijk in een uniforme denkwereld opgegroeid?
In een uniforme wereld, ja.

Was het een schok voor u toen u de eerste niet-christen, niet-gelovige ontmoette?
Nee. Daarin hebben mijn jaren aan de universiteit van Leuven een zeer grote rol gespeeld. Daar heb ik geleerd dat er nog andere mensen zijn: wetenschappers, grote figuren uit de geschiedenis, Descartes en Hegel en al de filosofen. Die waren niet dom, het waren heel verstandige mensen en tegelijk toch geen devote christenen. En ik moet zeggen dat de professoren van het Hoger Instituut voor Wijsbegeerte in Leuven, tussen 1951 en 1954, je toch op een merkwaardige manier open konden maken voor heel die wereld van het denken en de filosofie. Maar Raeymaecker, Dondeyne, Verbeke, de Waelhens, dat waren ook mensen die fundamenteel christen waren. En die dat niet verstopten, maar grote openheid toonden voor al wat er in de wereld gebeurde.

Mijn Leuvense jaren, dat zijn voor mij revelatiejaren geweest. Ik kwam in een wereld, die ik trouwens nog altijd graag zie, want mocht ik kunnen herbeginnen en ik werd geen bisschop, ik koos ervoor om professor te zijn in Leuven.

Ja, u was ook professor natuurlijk. En wat zou u nog graag doceren, als u geen kardinaal en kerkleider was, behalve sacramentenleer ?
Nu zou ik liever alles wat theologie is doceren, want de ontwikkelingen in de filosofie heb ik niet meer gevolgd. Maar eigenlijk, hé - ik kan dat nu niet meer doen - zou ik even graag literatuur doceren. Wereldliteratuur. Dostojewski, Shakespeare, Tolstoj, al de groten.

Maar daar kwam u pas later achter? Na het college...
De bloemlezingen op het college waren zeer beperkt...

Kinderen zijn echte partners in het gezin. Ze oefenen, hoe klein ze ook mogen zijn, een diepgaande invloed uit op vader en moeder. Zij veranderen hen van binnenuit. Met scha en schande, maar soms ook met vreugde, leren ouders aanvaarden dat hun kinderen niet slechts een verlengstuk zijn van hun eigen verlangens en dromen. Elk kind blijkt uiteindelijk steeds ánders dan zijn ouders het zich voorstellen. En dat vergt onnoemlijk veel vertrouwen in elkaar. Kinderen volwassen leren worden en ze hun bestaan helemaal zelf in handen laten nemen, is ze als het ware een tweede maal geboren laten worden. Alleen: deze geboortepijn duurt veel langer. Dan blijkt namelijk pas ten volle wat het betekent: iemand leven geven.

Want in dit groeiproces naar volwassenheid ervaren ouders hoe ze meer ruimte moeten maken voor de vrijheid van hun kind. Dan blijkt overduidelijk dat kinderen er niet zijn 'voor hun ouders', maar wel omgekeerd: ouders zijn er voor hun kinderen. En wel geheel en al. En naarmate ze opgroeien ook meer en meer. Kinderen zijn er niet om het thuis gezelliger te maken - dat ook! - wel om bemind te worden, gratis en om niets en van dag tot dag meer.

Uit 'Als een kind zijt Gij gekomen', Kerstbrief kardinaal Danneels 1986

II DE JAREN IN LEUVEN 1951-1954

In Leuven is uw wereld opengegaan, toen u 18 was? Zowel intellectueel, als literair, als spiritueel...
Ja, die drie jaren... Er zijn zo van die momenten in het leven, bij mij was dat tussen 18 (ik was zelfs geen 18) en 21, waar de ontwikkeling van de persoonlijkheid op elk gebied gaat versnellen: intellectueel, spiritueel, literair, menselijk, sociaal, artistiek... Het zijn van die periodes zoals in het voorjaar in de tuin: je ziet de meiklokjes groeien, elke dag, en na drie weken staan ze in bloei. 't Is vreemd.

Leuven was een feest als ik het hoor?
Ach, Leuven! Ik ben nog altijd verliefd op Leuven.

U had ook nooit contact gehad met andere religies, neem ik aan?
Nee, dat kwam nog veel later...

Pas in Rome?
Ja. Het was eigenlijk pas na Vaticaan II, want tevoren had ik geen contact met andere religies. Met de protestanten wel een beetje, maar met boeddhisten en confucianisten en al de andere godsdiensten, taoisme, oosterse religies, animisme, eigenlijk nooit ...

Op dat moment bestond de oecumenische beweging al, met de gesprekken van Mechelen enz. Maar dat kwam niet door in Kanegem?
Nee. Het oecumenisme heb ik pas ontdekt in Mechelen, door onze relaties met York. Al 25 jaar brengen we elkaar wederzijds bezoek.

U was net afgestudeerd in '51 op het college van Tielt toen de Koude Oorlog voorgoed begon. Het communisme, hoe stond u daar tegenover als 18-jarige? Was dat de baarlijke duivel?
We kenden dat niet goed...

Maar u wist wel dat het communisme anti-religieus was.
Dat wel. Maar ik kende het communisme niet goed. In Leuven, behalve in sociale ethiek, en dan nog meer aan Franstalige kant. Wel, die hebben ons verteld waar het communisme en het marxisme voor staan.

Nochtans heeft u uw scriptie gemaakt over Feuerbach en dat was toch een ongelovige 'pur sang' ...
Ja, maar geen communist. Ik had de Waelhens gekozen als promotor van mijn licentiethesis. Ik moest iets nemen uit de moderne filosofie, wat hij doceerde, en hij zei me: 'Je moet iets doen over de projectietheorie van Feuerbach, want dat is fundamenteel voor het begrijpen van alles wat erop volgt'. En hij heeft me 'Das Wesen des Christentums' doen lezen.

Er is ook een andere aanleiding geweest voor mijn keuze: het boek van Charles Moeller 'Littérature Chrétienne'. Dat heeft een enorme invloed op mij gehad. Elk jaar tijdens de winter gaf Moeller zes of zeven lezingen aan de universiteit. Telkens over een Franse auteur.
'Athéisme et foi chrétienne' of iets dergelijks, had ik toen gelezen en ik vond dat daarin de fundamentele vraag gesteld werd: is het christendom een projectie van ons, dus een soort geestelijke wereld door de mensen gefantaseerd, of is het werkelijk een openbaring? Iets wat van elders tot ons komt? En dan ben ik naar de Waelhens gegaan en die zei: 'Neem Feuerbach'.

Feuerbach heeft gezegd: 'God, dat zijn eigenlijk de wensen van de mensen...'
De dromen van de mensen...

U gaat daarmee niet akkoord?
Nee, nee. Omdat er veel dingen zijn die God zegt en die geen droom zijn van mij. Als Hij zegt: 'Zalig de treurenden en zalig de armen en zalig de vervolgden,' dan zeg ik: 'Dat heb ik nooit gedroomd, hoor!' Voor mij was dat fundamenteel. Er zijn in het christendom dingen die me aanstaan en andere die me pijn doen. God openbaart zich in vormen, handelingen, tekens en woorden die pijn doen. Het is moeilijk zich voor te stellen dat dit uit mijn verbeelding komt.

Omdat het tegen de natuur in gaat?
Ja.

U hebt die projectietheorie van Feuerbach gelezen, beoordeeld?
En proberen te weerleggen, maar ik ben niet zeker dat het fundamenteel was. Want uiteindelijk is er nog een keuze die je maakt. Als je zegt: 'De mens is autonoom, hij is alleen mens,' dan kun je de Openbaring nooit aanvaarden. Dus van bij de aanvang moet je zeggen: 'Er is een mogelijkheid dat iets van elders komt'. Dat is een optie die je in zekere mate neemt, en dat is, ja, een onverzoenbare tegenstelling tussen de vrijzinnigheid en het geloof. Voor mij zijn de twee niet verzoenbaar. Je

kunt samenwerken, je kunt veel samen doen, maar als puntje bij paaltje komt, zijn ze niet verzoenbaar.

Omdat de uitgangspunten diametraal tegenover elkaar staan?
Diametraal. En op de vraag: 'Waarom kiest de ene dat wel en de andere niet,' heb ik geen antwoord. Dan denk ik: 'alles is genade'. Ik kan niet uitleggen waarom ik geloof en waarom ik liever niet *niet* geloof. Ik kan dat niet uitleggen, ik heb dat in mij gevonden.

U bent er natuurlijk ingetuimeld van bij uw geboorte. Maar nadien zult u wel serieuze hindernissen ontmoet hebben...
Ik heb alle beproevingen doorgemaakt en ik word nog steeds op de proef gesteld.

Het geloof is nooit definitief verworven?
Het is nooit vanzelfsprekend en bovendien, als God zich geopenbaard heeft in de geschiedenis die ook de geschiedenis van de Kerk is, dan zijn er toch heel wat voorvallen in de kerkgeschiedenis die niet van God komen! Dat roept vragen op. De beproevingen van het moment moet je aanvaarden en op je schouders nemen.

Keren we nog even terug naar de periode voor de oorlog. De periode waarvan de oorlog het resultaat was. Fascisme in Italië, in Spanje, nazisme in Duitsland. Wat is volgens u het kenmerk van die periode? Wat is het wezenskenmerk van die twee stromingen: fascisme en nazisme?
Voor een deel is het nazisme het gevolg, denk ik, van het feit dat het voorgaande niet functioneerde, de Weimarrepubliek, enz. Maar dat is niet de echte oorzaak. Ik denk dat de echte oorzaak de *Uebermenschdroom* is, die in iedere mens zit en die op een bepaald ogenblik, wanneer de democratie helemaal slabakt, opkomt en zegt: 'Ik ga de redder zijn van het volk'. En dat zit, denk ik, in elk van ons... En is zeer gevaarlijk. Omdat het in de genen zit.

Hybris? Overmoed?
Ja, 't is nog altijd hetzelfde. De Grieken wisten dat al, voor het christendom.

Ikaros?
Ja, en Prometheus. De Grieken wisten al: het zit erin en als je het er laat uitkomen, vernietig je jezelf.

In al zijn excessen is het nazisme natuurlijk specifiek in het vervolgen van de joden. Is de Holocaust denkbaar in een niet-christelijk Europa?
Ik denk dat een Holocaust in elke beschaving denkbaar is. Van zodra men zich boven de moraal stelt en zich absolute prerogatieven toeëigent, als chef, kun je altijd een Holocaust hebben… Maar die Holocaust is ook in zekere mate onverklaarbaar, juist omdat hij tegen de joden gericht was. Het wezenlijke van de Holocaust is niet de wil tot uitroeien, die in elke cultuur zit. Je had dat ook in Rwanda.

Er zijn overal genocides. Maar dat de Holocaust gericht was tegen een bepaalde groep mensen, omdat ze jood waren, niet om wat ze *gedaan* hebben, maar om wat ze *zijn*, dat is heel speciaal en voor mij zit daar een soort mysterie in. Ik weet niet waarom dat zo is.

Was de Holocaust gericht tegen de joodse etnie of tegen de religie? Het anti-judaïsme heeft toch gedurende eeuwen een grote rol gespeeld, niet?
Inderdaad. Maar ik denk dat het meer is dan een antireligieuze houding. Het is meer antijoods. Men zou zelfs kunnen stellen dat, mochten de joden niet het joodse geloof bezitten, ze toch vervolgd zouden worden. En dan is er natuurlijk de zeer lange geschiedenis van het antisemitisme in de Kerk en in de christelijke Kerken. Dat was onvergeeflijk. Maar anderzijds moet men ook begrijpen, dat men toen oprecht dacht dat men vanuit de volle waarheid handelde en dat alle andere waarheden geëlimineerd moesten worden. Het is een moderne opvatting dat de waarheid weliswaar bestaat, maar dat ze nooit volledig is. Maar ik geloof dat men daarin te ver is gegaan. Dat is een van de wonden van de Kerk.

En het is nog altijd een gevoelig punt. Ik denk aan het gebed voor de joden op Goede Vrijdag, wat nu wel anders verwoord is, maar toch nog altijd niet naar de zin van de joden…
Het zal nooit naar de zin van de joden zijn! En je kunt het ook niet maken naar de zin van de joden, omdat je niet kunt bidden dat ze christen zouden worden. Je zou kunnen zeggen: ‘Christenen en joden hebben niets met elkaar te maken en de christen moet tegenover de joden zwijgen en mag daar ook niet verkondigen’. Maar dat denk ik niet, we mogen dat wel. En dus kan je altijd vragen aan God (en het staat ook bij Paulus) ‘dat hun ogen zouden worden geopend’. Natuurlijk spreekt daar een zekere suprematie uit, een zeker gevoel van meerwaarde, en dat soort connotaties zijn eigenlijk niet goed, hé.

Daar zat veel arrogantie achter...
Ja. Hoewel dat gebed niet arrogant is. Men legt het verzoek voor aan God en Hij doet ermee wat Hij wil. Bovendien is de huidige tekst niet kwetsend. Het is gewoon de bevestiging van het feit dat wij wensen dat onze joodse broeders zich bij ons voegen. Wat God ook voor plan heeft, dat het gerealiseerd worde. En omdat wij geloven dat dat plan gerealiseerd is in Christus, moeten we logisch zijn.

Moet een religie, om succesvol te zijn, niet een beetje arrogant zijn? Moet ze niet een beetje overtuigd zijn van haar grote gelijk?
Ik weet dat niet.

Een religie die zich sinds het Concilie bescheiden opstelt, die zegt: er is ook heil buiten het katholicisme, graaft die niet haar eigen ondergang?
Als dat uitmondt in een soort perfect relativisme, dan heb je natuurlijk jezelf uitgeschakeld. Het christendom is ontstaan, is geboren op het kruis. Er is toch geen enkel expansionisme te zien bij Christus! Geen enkele suprematie. Geen enkel: 'Ik ben meer waard dan de andere'. Het is gewoon geboren in het totale verlies van zichzelf. 't Is daaruit dat het voortgekomen is en de kracht zit nog altijd daar. Christus heeft op Zijn kruis niet gezegd: 'M'as-tu-vu?' - 'Heb je mij gezien?'. Hij heeft gezegd: 'Mijn God, mijn God, waarom heb je mij verlaten?'

Maar die visie is natuurlijk van recente datum. 2000 jaar lang heeft de Kerk wel het quasi-monopolie gehad van de lering...
Als er al een monopolie was, kon je niet zeggen: 'We zijn hard tegenover de anderen,' want er waren geen anderen. Voor mij zijn in de Kerk de grote figuren de heiligen. Franciscus van Assisi heeft nooit gezegd: 'M' as-tu vu?' Als je niet gelooft in de graankorrel die sterft en dan grote vrucht opbrengt, kun je dat niet begrijpen.

Maar het groot probleem was natuurlijk, dat de Kerk bespeeld werd door allerlei politieke machten...
...en van tijd tot tijd omgekeerd. Ze is toch zo menselijk, de Kerk, toch zo menselijk. Toch blijft er een sterke kern in de Kerk. Een die niet moet worden gezocht in menselijke categorieën zoals macht, invloed, prestige, aantallen. Dat is allemaal bijzaak en zelfs een mogelijke valstrik. Maar er is in de Kerk een harde kern die volgens mij onoverwinnelijk is. Die trouwens niet menselijk is. Het is zoals dat zaadje in de grond, dat men niet kan beletten te groeien. De drang is te sterk. Het is een soort levenskracht die onweerstaanbaar is.

Kunnen we zeggen dat de Kerk die hybris van 2000 jaar aan het uitzweten is en terugkeert naar de nederigheid, de armoede?
Ik zou zeggen dat de postconciliaire Kerk die we nu beleven in West-Europa dat inderdaad aan het uitzweten is. Maar dat is niet de eerste keer in de geschiedenis van de Kerk. Ik denk dat er in de middeleeuwen ook zo een tijd geweest is. Ik denk dat er met de komst van het protestantisme in de 16de eeuw ook zo'n tijd geweest is, waar we onze suprematie met de aflaten en zo uitgezweet hebben. De Franse revolutie… Ik denk dat we dat al verschillende keren meegemaakt hebben. Maar nu zit er een kans in voor de Kerk, om haar fundamentele wezen opnieuw te ontdekken.

Ziet u dat gebeuren op alle echelons, of alleen aan de basis?
Ik zie dat niet in Afrika of Latijns-Amerika. Maar ik zie dat in Europa wel een beetje gebeuren. Ik denk dat we het diepe wezen van de Kerk aan het herontdekken zijn. Ik vergelijk de tijd waarin we nu leven met de verbanning in Babylonië. De joden hadden alles: een koning, een hogepriester, een heilige stad, een heilige berg, een tempel, *alles*. En plotseling zet God hen in Babylon waar ze niets hebben. En dan verschijnt de profeet Daniël, die een gebed zegt, waarvan ik vind dat het zeer goed past voor de westerse Kerk: 'Heer, wij hebben niets. Geen koning, geen hogepriester, geen tempel, geen heilige berg, geen land, niets. Maar we hebben een berouwvol en nederig hart'.

Dat is denk ik, wat wij nodig hebben: een vermorzeld en nederig hart. We hebben veel te veel gedacht: 'Heer, wij zijn in staat om de zaken te runnen. U mag ons een duwtje in de rug geven, de laatste 5 meter, maar de rest lopen we zelf wel'. En nu zegt Hij: 'Je loopt juist niets. Je vordert voor geen meter'. Dat is een heilzame zuivering.

Ik was laatst in China. In een stad zegt de bisschop tegen mij: 'Kom eens kijken, ik ben een nieuwe kathedraal aan het bouwen'. Wij daar naartoe. Dat is een immens gebouw, met twee torens, met veel bijgebouwen, werkelijk Koekelberg. En ik dacht bij mezelf, maar ik durfde het hem niet zeggen, want voor hen was dat een prestigezaak: 'Het is jammer, maar jullie zitten nog in Koekelberg. Wij zijn daar al voorbij. Doe dat niet…' Ik weet het wel, voor die mensen heeft dat een andere betekenis dan voor ons. Zij worden vervolgd en als ze niks kunnen tonen, zijn ze gewoon niet zichtbaar in de stad. Maar ik verwacht daar niets van. Ze blijven een kleine minderheid. Ze zijn met 12 miljoen hoogstens, op 1 miljard 300 miljoen Chinezen.

Maar is het zoals in Japan, dat de katholieke kerk appeleert aan de intelligentsia?
Ze gaan snel vooruit in China. We hebben een tiental bisschoppen ontmoet in een discussie van twee halve dagen en die waren allemaal bezig over de vorige paasnacht. In elk van die bisdommen waren er tussen de 80 en 400 volwassenendopen. Zij zeggen dat er echt een rush is, en vooral van de intelligentsia.

Merkwaardig, in Japan is het ook zo. Daar zijn ook katholieke universiteiten en dat in een land waar de mensen doorgaans religieus nogal eclectisch zijn. Ze kiezen hun 'rites de passage' naargelang het hen uitkomt. Maar het katholicisme appeleert er sterk aan de intellectuelen. Ik vroeg me af of het in China ook zo was...
Ik denk dat er iets van aan is. Natuurlijk, het regime drukt, ze zijn niet vrij, maar ik denk dat daar iets aan het gebeuren is. En dat de intellectuelen komen, verwondert mij niet. Het christendom is geen simplistische godsdienst. Het is een godsdienst die uit het mysterie komt en terzelfder tijd de rede, de ratio altijd heeft aanvaard. We staan zeker als katholieke kerk bekend om onze redelijkheid. Al de universiteiten komen uit het katholicisme voort. Paus Benedictus zegt altijd dat het christendom de rede volledig waardeert. Dat is waar. Er zijn natuurlijk mysteries in het christendom en het Credo is niet zo makkelijk, niet simplistisch.

Er zijn geloofspunten die voor een rationalist nauwelijks te accepteren zijn...De triniteit, de onbevlekte ontvangenis.
Dat zijn secundaire conclusies, ze zijn waar, maar niet fundamenteel. Maar het fundamentele, voor een atheïst of een vrijzinnige niet te aanvaarden, is dat God *mens* geworden is. Dat is helemaal niet redelijk! God is God. Maar ja, Hij is misschien zodanig God, dat Hij rare dingen doet, zeg ik altijd. In een theodicee kan God natuurlijk geen mens worden. Want God is God: oneindig, volmaakt, enz... Maar misschien is Hij *zo* God, dat Hij rare dingen doet.

Maar dat is een eigenschap die de mens Hem toedicht?
Ja, dat is hoe God zich toont.

Want u heeft ooit zelf gezegd: 'Alles wat ik van God weet, heb ik gelezen'.
Ja, behalve dat Hij bestaat. Dat komt van dieper, dat komt niet door de lectuur. Met de lectuur kleed je God aan, maar je *maakt* Hem niet. Hij *is* er. Maar je kunt Hem aankleden. Je trekt Hem een pak aan. En dat kan confectie zijn, of een maatpak.

Kuitert heeft dat ook gezegd: 'Alles wat we van boven weten, komt van beneden'.
Natuurlijk, we kunnen niet anders spreken dan in een menselijke taal.

Een taal die woorden tekort komt?
Ja, da's waar.

Want dat is ook uw grote wanhoop: dat u woorden te kort komt om het geloof te beschrijven.
O ja. Je komt voortdurend woorden te kort en je kunt ze niet in verband zetten. Dat is niet te geloven. Iedere keer dat men over God spreekt, in preken, dan voel ik dat direct: 'Maar hoe kan ik dat nu eigenlijk zeggen?' En iedere keer dat je het gezegd hebt, zeg je: 'Toch is het nog dàt niet'.

Is het daarom dat monniken zoveel zwijgen?
Eigenlijk is de beste taal over God het stilzwijgen.

In september 1951 staat uw besluit voorgoed vast: u wilt priester worden. Had u daar met veel mensen over gesproken?
Nee. Ik had er wel met een priester over gesproken, met mijn leraar in de vierde Latijnse, Daniël Billiet. Met hem heb ik daar tamelijk veel over gesproken. Hij is het die mij gezegd heeft: 'Je moet absoluut een brief schrijven naar uw pa en ma, om te zeggen dat je na de grote vakantie naar het seminarie gaat'. Want ik had er met hen nog nooit expliciet over gesproken. Ze 'zagen' wel iets. En die brief heb ik nog altijd. Een merkwaardige brief, waarin ik een beetje uitleg waarom en wat. Toen ik thuis kwam, vond mijn vader het goed. Ik denk dat het priesterschap in zijn ogen ook een beetje een sociale promotie was. Een zoon priester, daar mag je mee naar buiten komen. Mijn moeder zei daar niets over. Zij bewaarde alles in haar hart. Maar ze was er wel heel veel mee bezig. En ja, dan ben ik na de grote vakantie begonnen. Ik weet niet of het op 1 september was, want ik werd door de bisschop meteen naar Leuven gestuurd. In West-Vlaanderen was het aanvankelijk de gewoonte dat men eerst een jaar in het seminarie in Brugge deed. Diegenen die begaafd waren, trokken vervolgens naar Leuven om er in twee jaar een kandidaatsdiploma te halen. Brugge was het enige bisdom waar die regeling bestond. Men wilde de seminaristen eerst goed Brugs vormen. Maar mijn jaar was het eerste jaar waar we met vieren na de humaniora vanuit West-Vlaanderen onmiddellijk naar Leuven trokken. Ik moest dus filosofie volgen aan het Hoger Instituut voor Wijsbegeerte en verbleef in het Leo XIII-seminarie. Ik ben er drie jaar geweest. Het was een heel speciale tijd. Zo'n jongetje uit West-Vlaanderen, uit het college van Tielt - Tielt is eigenlijk een groot dorp - dat voor de eerste keer in een universiteitsstad terechtkomt, dat was wel een onderneming.

"EIGENLIJK IS DE BESTE TAAL OVER GOD HET STILZWIJGEN"

Welke indruk maakte Leuven toen op u? Een stad vol gevaren?
Zoveel gevaren waren er niet. We zaten tenslotte op het seminarie. Dat wil zeggen dat we weinig naar buiten mochten, tenzij om colleges te gaan volgen. En daar zagen we natuurlijk studenten, alhoewel toch weer niet zoveel, want op het Instituut voor Wijsbegeerte was de populatie veeleer beperkt. Maar in het eerste jaar hadden we toch enkele vakken die buiten het Instituut werden gegeven: biologie, fysica, wiskunde, logica. Drie keer per trimester mochten we 's avonds het seminarie verlaten, om naar een concert of een conferentie te gaan. En dat werd genoteerd.

Monseigneur Danneels reikt de communie uit aan zijn ouders tijdens de inbezitname van de aartsbisschoppelijke zetel in de Sint-Romboutskathedraal in Mechelen, 4 januari 1980

Bron: Aartsbisschoppelijk Archief, Mechelen

Waar ging u meestal naartoe?
Meestal koos ik voor muziek. Of een film. De paters Jozefieten hadden een zaaltje waar 'goede' films vertoond werden. Dat waren dan prenten in de aard van 'Ik had vijf zonen', een Amerikaanse film over vijf broers die naar de oorlog trekken. Maar de studenten gingen in de eerste plaats naar dat zaaltje om keet te schoppen. Op al wat op het scherm bewoog werd hardop commentaar gegeven. De meest zedige kus veroorzaakte een hels kabaal!

Andere tijden, andere zeden...
Absoluut. 't Was onvoorstelbaar. Als twee verliefden bijvoorbeeld ruzie maakten, ontstond er een spreekkoor dat riep: 'Allez, ge gaat dat toch niet doen, zeker!' Ongelooflijk!

En de sfeer in Leuven? Voelde je toen al dat er iets ging gebeuren?
In 1951? Nee. De universiteit was toen nog niet gesplitst, met cursussen in het Frans en het Nederlands. Toen was er nog geen enkel probleem. Maar voor mij waren die drie jaar in Leuven helemaal gericht op wetenschap en filosofie. Aan het studentenleven heb ik geen deel gehad. Leuven was een leerschool waar mijn geest werkelijk open is gegaan.

Een leerschool met grote leermeesters. U noemde al Alphonse de Waelhens...
We hadden inderdaad grote proffen. De Raeymaeker voor metafysica. Verbeke voor geschiedenis van de filosofie. Verbeke was een zeer goede seminariepresident, een begenadigd pedagoog die uitstekend doceerde. Maar de intellectuele kwaliteit en kracht moest je toch gaan zoeken bij De Raeymaeker, en bij de Waelhens die moderne wijsbegeerte gaf vanaf Hume en Berkeley en de 17de eeuw. En dan was er uiteraard ook Dondeyne voor antropologie en de bijzondere cursus metafysica. Dat waren de grote namen. Mansion ook, voor Griekse filosofie. Op dat moment - *omnis comparatio claudicat* - voelde ik mij als de twaalfjarige Jezus in de tempel voor de schriftgeleerden. Mijn verstand en mijn karakter gingen toen met reuzensprongen vooruit.

Laten we het eens hebben over uw motivatie. U zei daarnet dat u een brief geschreven hebt aan uw ouders, een brief die u nog altijd bezit. Wat was eigenlijk uw diepste motivatie om priester te worden ?
Eigenlijk was die liturgisch. Als ik dat nu bekijk, was het de liturgie die mij het meest aantrok in het priesterschap. Ik had eigenlijk een liturgische roeping. Riten en rituelen, gezangen, symbolen, metaforen...

"DE MEEST ZEDIGE KUS VEROORZAAKTE EEN HELS KABAAL!"

Uw roeping lag al heel vroeg vast. Op het einde van de zesde Latijnse, zeker in de vijfde, was priester worden een duidelijke mogelijkheid, heeft u ooit gezegd. Voor een kind van 13-14 jaar, is dat niet bijzonder vroeg?
't Was veel vroeger nog dan 13-14 jaar: aan mijn 6 jaar, toen ik mijn eerste communie deed, dacht ik er al aan.

Toen al?
Ja, je moet er natuurlijk ook rekening mee houden dat ik in een milieu leefde dat eigenlijk helemaal gedetermineerd werd door het geloof. En door de liturgie. De mensen rekenden toen in het jaar niet met 1 januari of 15 april, maar met Pasen en Pinksteren en Allerheiligen en Kerstmis en het Heilig Hartfeest en Sacramentsdag en Hemelvaart. Het horloge was eigenlijk een liturgisch horloge. De enige die niet naar de kerk ging in Kanegem was de gemeentesecretaris die naast ons woonde en die eigenlijk een vrijdenker was. Niet vrijzinnig of logeman, zeker niet, maar vrijdenkend. Scepticus tot op het bot. Om de acht dagen nam hij de trein naar Sterrebeek om te gaan wedden op de paarden. In de ogen van de mensen was hij een bizar man. Zeer bizar.

Het was een liturgische roeping en een klein, klein beetje ook een sociale roeping. Meevoelen met de armen. Tijdens de oorlog heb ik toch heel wat honger en armoede gezien.

Waren er in uw familie nog meer roepingen?
Nee. Een zuster van mijn grootmoeder was religieuze. Ze woonde erg ver en een keer per jaar, in de zomer, brachten we haar een bezoek, om aardbeien te gaan eten...

Wat verstaat u eigenlijk onder een roeping?
Ja, dat is eigenlijk... 'k Weet het niet... Dat heeft iets van een project. Ik wil iets met mijn leven aanvangen. Het is niet zoals advocaat of dokter worden, waarbij je je voorneemt: ik *wil* dat worden. Er is ook sprake van een zekere aantrekking. Het is iets wat sterker is dan jezelf. Ik had altijd het gevoel: 'Ik wil het, maar ik *volg* ook. Ik stap in de voetsporen van Iemand...' Voor mij is dat een heel speciale combinatie van *doen* en u *laten* doen. *Faire et se laisser faire*... En dat is voor mij een stuk mysterie... Ik heb daar ook nooit veel over nagedacht.

U beeft later, in uw functie van geestelijk directeur van het Grootseminarie, vaak moeten oordelen over de kwaliteit van roepingen. Waaruit kunt u opmaken dat een roeping ernstig is?
Tja, ... voor mij was het laatste en grootste criterium: is iemand blij, hier op het seminarie? De blijheid is belangrijk. En dan nog kunnen er veel andere dingen zijn die niet goed zijn. Het is lastig, maar als er een zekere fundamentele vreugde was, dan dacht ik: 'Die zit op zijn plaats'. Als het veeleer met ups and downs ging, heel sterk dikwijls, dan had ik wel mijn twijfels, en dan zei ik hen dat ook na een zekere tijd. Franciscus van Sales kreeg ooit een brief van Jeanne de Chantal (Franse heilige, 1572-1641 nvdr) waarin ze schreef: 'Ik heb hier twee novices. De ene is een echte wildebras, de andere is altijd triest. Welk van de twee moet ik houden?' En Franciscus van Sales antwoordde: 'Hou de wilde, want de melancholie is een vreemd spook'. Ik ben dat nooit vergeten. Ik lette daar erg op.

En dan had je ook het grote probleem van het celibaat. Mensen die het celibaat niet aankonden. Dan moest je zeggen: 'Je bent een heel goeie jongen' -en het waren vaak goeie jongens- 'maak jezelf niet ongelukkig'.

Stelde dat probleem zich toen ook al?
Zeker, maar niet op dezelfde manier. Men twijfelde er niet aan dat de Kerk het celibaat mocht eisen en dat het ook zin had. Nu is er een diepe twijfel over de waarde van het celibaat op zich. En dan had je de praktische kant. Er waren jongens die tijdens een grote vakantie halsoverkop verliefd werden op een meisje. Ik heb er gekend die dat te boven kwamen. Maar als dat te lang duurde, een jaar, anderhalf jaar, twee jaar, dan zei ik hen: 'Luister eens, ik wil niet dat je later ongelukkig wordt'.

Uzelf hebt de noodzaak van het verplichte celibaat nooit ter discussie gesteld?
Nee. Ik vond als de Kerk dat vroeg, dan deden we dat. Je had ook zoveel priesters en zusters rondom je. Het was geen uitzondering. Het waren er heel wat. Terwijl het nu grote uitzonderingen zijn. Meisjes en jongens die celibatair leven, hoeveel vind je er nog?

U zegt: 'De Kerk vroeg dat van ons en wij deden dat'. Een andere motivatie kan natuurlijk zijn dat uzelf tot het besluit gekomen was dat zonder het celibataire leven de inzet nooit kon zijn wat hij moest zijn.
Dat speelde ook voor een stuk mee, maar toen hadden we nog niet veel werk te doen. Toen konden we nog niet zeggen: 'Ik kan meer werken, omdat ik niet getrouwd ben'. Wat bij mij ook meespeelde,

waren bepaalde zinnen uit het Evangelie. Christus heeft toch van die verbijsterende uitspraken gedaan: als je mij wil volgen, verzaak dan een man, een vrouw, kinderen, een huis, een os en een ezel... dat staat in het evangelie, daar kan je niet omheen! Je kunt wel zeggen: mij ligt dat niet. Maar je kunt niet zeggen: de Christus zegt dat niet. En daar werd ik toch sterk door aangesproken, door die radicaliteit: als je Mij wil volgen en beminnen, mag je niet omkijken. Dat zijn allemaal teksten die men nu nooit meer aanhaalt. Jezus is een softie geworden. Maar Hij kan ook verschrikkelijk vervelend zijn. 't Is waar, Hij bestaat ook, die 'zoete' Jezus. Maar je mag toch niet vergeten dat Hij uitspraken heeft gedaan als: 'Als je linkeroog je hindert, ruk het uit!' Zelfs als dat een metafoor is, is het toch straf! Ik zou dat nooit durven te zeggen.

Zou je durven te zeggen dat de priestervorming te tolerant is geworden?
Ja, ik denk dat wel. Ik denk dat men het christendom, zoals vele andere dingen, soft heeft gemaakt. Soft.

Maar dat is niet alleen met het christendom zo, in de journalistiek vind je dat ook...
Ja, het is voor alles zo. Over de hele lijn stelt men niet graag eisen meer. Tenzij in de wereld van de economie. Dat zijn killers. Maar ja, 't is waar: je vangt meer vliegen met wat suiker en siroop, dan met azijn. En toch... in azijn zit er een bepaalde smaak die je niet kan krijgen met siroop.

Moet het christendom zich dan confronterender opstellen? Als een grote levensuitdaging? Om meer roepingen te krijgen?
Ja, ik denk dat je het christendom meer als een uitdaging moet voorstellen. Maar je moet het ook niet doen zoals een generaal van het leger die recruten wil werven, door te zeggen: 'Bij mij is het zo!' Ik denk dat je moet zeggen: 'Het is de Christus die radicaal is'. Want men heeft ook in naam van die radicaliteit soms heel domme dingen gedaan in de geschiedenis. Als je bepaalde histories hoort over roepingen in kloosters en zo meer, dan moet ik zeggen: men heeft in naam van die radicaliteit soms heel domme dingen gedaan. Zuster Luc ... en dat was de enige niet...

Godfried Danneels begint zijn studies in Leuven

Toen Godfried Danneels in 1951 zijn studies aan de KU Leuven begon, ging er door die instelling een golf van filosofische en theologische reflexie van een nooit geziene openheid op de wereld. Ze werd geïnspireerd door merkwaardige persoonlijkheden zoals kanunnik Albert Dondeyne. Hij zou generaties jonge studenten beïnvloeden vanuit zijn denktank 'Universitas'. Maar in die jaren van naoorlogse heropbouw was de studentikoze humor nooit ver weg. Op 21 november 1951 nam een groepje grapjassen de religieuzen van het Instituut van het Heilig Hart in Heverlee in het ootje. Ze deden de zusters geloven dat ze koning Boudewijn zelf ontvingen binnen de muren van het klooster. Hugo Engels, een Antwerpenaar, leek als twee druppels water op de jonge vorst. Andere vrolijke kwanten waren de huidige minister van staat Guy Spitaels, de toekomstige directeur-hoofdredacteur van La Libre Belgique en later baron Jacques Franck en ook Pierre Masson, zoon van de streekschrijver Arthur Masson. In totaal 18 man begaven zich naar het eerbiedwaardige pensionaat in Heverlee, alwaar niet minder dan 1.000 frisse pensionaires hen opwachtten. Twee dagen later schreef La Libre Belqique een artikel over de grap

Studentikoze humor

De studenten van de Leuvense universiteit, in het bijzonder zij die de 50ste verjaardag vierden van de Vereniging van Vlaamse Studenten, hebben een grap uitgehaald die alle vorige in de schaduw stelt.

Woensdag, kort na de middag, ontving een school in Heverlee die door zusters gerund wordt, een telefoontje dat de instelling meteen in rep en roer zette. Er werd gezegd dat kort na het telefoontje koning Boudewijn een privébezoek zou brengen aan de instelling, om op die manier zijn welwillende belangstelling te tonen. Onmiddellijk werden de vlaggen gehesen en begon het personeel met vereende krachten alle lokalen schoon te maken die de koning en zijn gevolg zouden kunnen betreden. De kostschoolmeisjes repeteerden nog vlug-vlug enkele vaderlandse liederen en de zusters trokken hun beste habijt aan. Geen twee uur later lag het klooster te blinken als een spiegel. Rond halfdrie stopten vier limousines voor de grote poort van het pensionaat. Er stapten 18 mannen uit, onder wie een dubbelganger van koning Boudewijn. Moeder Overste en haar medezusters ontvingen het koninklijke gezelschap met het nodige egard.

Het opvallend jeugdige uiterlijk van het koninklijk gevolg en het feit dat de 'koning' zich weliswaar waardig maar niet erg koninklijk gedroeg, werd niet meteen opgemerkt. Na een bezoek aan de lokalen, die er allemaal erg feestelijk bij lagen, werd de 'koning' in de grote feestzaal geleid, waar de 500 pensionaires hem opwachtten. Het koninklijk gevolg werd gevraagd plaats te nemen op het podium. Uit volle borst werden de Brabançonne en andere vaderlandse liederen gezongen. Maar de euforie van bij de aanvang van het bezoek zou niet lang meer duren. Een zuster die de echte koning recent ontmoet had, begon te vermoeden dat het om een grap ging en maakte haar medezusters haar twijfels deelachtig. Vanaf dan viel het de zusters op dat enkele hovelingen er wel erg jong uitzagen. Mère werd discreet op de hoogte gebracht en ook zij begon de 'koning' en zijn gevolg nu aandachtiger te observeren.

Na een tijdje besloot ze de politie te waarschuwen. Alle beschikbare agenten van Heverlee snelden toe en posteerden zich voor de schoolpoort. Van zodra Mère Supérieure van de aanwezigheid der wet op de hoogte was, richtte ze zich tot de 'koning' en liet hem waardig maar beslist weten dat de grap lang genoeg geduurd had en dat 'het hof' verzocht werd zich terug te trekken.
De totaal verraste studenten spoedden zich naar de uitgang. Buiten probeerden ze nog te ontsnappen, maar de 'koning' en zijn zeventienkoppig gevolg werden opgepakt en meegenomen naar het bureau. Enkele fototoestellen werden in beslag genomen, want 'het hof' wilde zijn optreden natuurlijk vereeuwigen.
Na ondervraging en nadat hun identiteit genoteerd was, werden de 'koning', zijn adjudanten, ordonnansen en kamerheren op straat gezet. In het pensionaat in Heverlee werden de vlaggen, guirlandes en slingers weer netjes opgeborgen. Maar in de straten van Leuven verspreidde het nieuws van de grap zich als een lopend vuurtje. Later op de dag verspreidde het agentschap Belga het volgende bericht: 'De grap in een Leuvens pensionaat, georganiseerd door studenten die zich lieten doorgaan voor de Koning en zijn gevolg, had vrij ernstige juridische gevolgen kunnen hebben. De Koning heeft nochtans de wens uitgesproken dat niemand zou worden vervolgd'.

Uit 'La Libre Belgique' van 23 november 1951

U wilde meteen diocesaan priester worden, geen religieus ...
Ja. Ik heb nooit aan iets anders gedacht dan aan diocesaan priester te worden.

Wat was uw motivatie daarvoor?
Het was bijna vanzelfsprekend, omdat al de priesters die ik kende op het college diocesane priesters waren. En ook omdat ik altijd vond dat aan de paters iets 'speciaals' was. De bruine paters woonden naast het college. Dat waren hele goeie mensen, maar die waren bruin. Ik vond echt dat het goeie mensen waren, maar nee, voor mij was dat niet weggelegd. En dan had ik ook iets, van in de poësis, tegen zingende paters met een gitaar. Of tegen paters die kwamen speechen. Dat ze bij de eskimo's in iglo's woonden, enz. Ik vond dat allemaal naast de kwestie. En ik had het gevoel dat ze studenten wilden werven.

De jezuïeten trokken u wel aan omdat ze intellectueel bezig waren, maar ze waren niet liturgisch genoeg?
Inderdaad. Als je in de Gregoriana op kerstnacht, kwart voor twaalf, boven in de gangen van de kamers van de jezuïeten liep, dan waren ze allemaal nog aan het tikken op hun schrijfmachine. En vijf voor twaalf ging de bel en dan gingen zij de middernachtsmis doen. Nee, nee, de jezuïeten waren toen helemaal niet liturgisch.

Maar ze waren wel intellectueel bezig en dat moet u wel aangesproken hebben?
De enige twijfel die ik misschien een beetje gehad heb, dat is jezuïet te worden. En ik ben niet zeker dat ik geen jezuïet zou zijn geworden als ik bij de jezuïeten op het college had gezeten ... Want dat waren ook de schrijvers van jeugdboeken enz. en van Ballings... Mannen waarvan je zei: 'Die kunnen iets!'

Uw logische bestemming was het Philosoficum van het Kleinseminarie in Roeselare. U bent zich daar gaan aanbieden, maar ze wilden u niet! Ze vonden u meteen te slim voor het gewone seminarie.
Ik weet dat niet. Dat hebben ze mij nooit gezegd...

Hoe ging die selectie, toen u zich daar ging aanbieden als achttienjarige?
We waren met velen, misschien wel meer dan 50 of 60. Op een bepaalde dag moest je daar naartoe. Dat was een extra examen. Je kreeg een lijst vragen die je schriftelijk moest invullen. Een soort opstel moest je maken. En dan moest je ook een voor een, zo'n tien minuten, een kwartier, voor de vierschaar verschijnen. Daar waren de president en de hulpbisschop

bij, en de bisschop ook, het was nog Lamiroy, denk ik. Die zaten daar en stelden een paar vragen. Waarvan ik nooit geweten heb waarom. Ik denk dat die meer keken naar de wijze waarop je reageerde dan naar de inhoud van het antwoord. Het was ook verstandig daarnaar te kijken.

Wat voor vragen waren dat?
Ik weet dat eigenlijk niet goed meer. De schriftelijke vragen gingen over de kennis van het Latijn: een stukje vertalen, een beetje inversie maken of een thema van het Nederlands naar het Latijn. En een aantal andere dingen. Ik denk dat er ook iets van wiskunde tussen zat, waarvan ik nooit iets terecht bracht. En dan was er dat gesprek. Wat ze zeiden heeft op mij geen grote indruk gemaakt, wel dat ze daar zaten.

Kunnen we zeggen dat het meer een maturiteitsproef was?
Ja, het was een maturiteitsproef.

We merken dat de priesteropleiding eigenlijk nog vrij stereotiep is. Nog altijd begint ze met filosofie, nadien theologie. Vindt u dat nog altijd de logische opbouw?
Het is nu wel minder onderscheiden. Het loopt een klein beetje door elkaar. In filosofie geven ze ook al Bijbel en zo, omdat de jongens die binnenkomen zeiden: we komen om priester te worden en we horen de eerste twee jaar niks anders dan Socrates en Aristoteles en Thomas, maar we horen niks over God, of bijna niks. Dus we hebben daar wat Bijbelintroductie ingelast. Maar ik vind dat nog altijd een goed systeem. Om echt je geloof te kunnen funderen, moet je eerst je verstand

Godfried Danneels als tiener.
Bron: Aartsbisschoppelijk Archief, Mechelen

serieus ontwikkelen. Dat is wel iets wat men nu minder hoort. Het geloof is het geloof, zegt men, en eigenlijk moet je daarvoor niet slim zijn. Het is waar dat je niet slim moet zijn om te geloven, maar je moet wel slim zijn om over het geloof te spreken.

U bent meer voor een zekere rationalisatie van het geloof dan voor het boerengeloof?
Boerengeloof, leve de boer, maar dat geloof is niet mijn ding. En boer in het geloof willen blijven, is toch bedenkelijk. Het is belangrijk om de rationele grondslagen te ontdekken, dat het niet dwaas is om te geloven. Dat vind ik essentieel. Trouwens je merkt dat wanneer men die fundamenten niet heeft, men zeer wankel staat in zijn geloof. Bij het minste contact met andersdenkenden ben je gewoon verloren. Ofwel zeg je: ‘Het is zo en ik geloof’, ofwel ben je het geloof kwijt. En ik denk dat dat voor iedereen geldt, niet alleen voor de priesters. De zwakheid van de filosofische opleiding aan de universiteit voor om het even welke richting, vind ik een serieus negatief punt.

U maakt uw filosofiestudies af met een thesis over de projectietheorie van Feuerbach. Die heeft voor het eerst aan godsdienstkritiek gedaan op basis van psychologische argumenten. Was psychologie een verplicht vak in Leuven?
We hadden een inleiding in psychologie in het eerste jaar van De Raeymaeker. Verder hadden we wat cursussen van Nutin, maar dat was toch meer experimentele psychologie. We hadden eigenlijk niet zoveel psychologie. In de cursussen van de Waelhens over moderne en hedendaagse filosofie kwam natuurlijk ook wel een stuk psychologie voor.

De Kerk heeft het niet zo begrepen op de psychologische benadering van religie. Denken we maar aan wat Eugen Drewermann overkomen is met zijn ‘Psychogram van de clericus’. Hoe komt dat eigenlijk, die argwaan tegenover de psychologie?
Ik denk dat je niet argwanend kan en mag staan tegenover de psychologie als de studie van het geestesleven van de mens. Het enige probleem is, dat er in de psychologie een trend zit die gemakkelijk exclusiviseert. Dat je zegt: ‘Als ik dat weet, is het over. Er valt niks meer over te zeggen’. Het is eerder de beslotenheid van de psychologie die mij problemen stelt, dan de psychologie zelf. Het is niet omdat je kunt aanwijzen in welke lob in de hersenen het religieus gevoel zit, dat je daarmee het religieus gevoel verklaart. Je weet alleen waar het zit.

"IK WEET NIET WAAROM HET GELOOF ONUITROEIBAAR IS. IK WEET ALLEEN DAT HET ZO IS."

Vreest de Kerk voor de ontluistering, de demystifiëring van het geloof door de psychologie en andere wetenschappen?
De reductiekracht van de psychologie is veel sterker dan die van de wiskunde, of van de natuurkunde natuurlijk. Omdat het in de psychologie gaat om het geestesleven van de mens, en daar zit het geloof ook, in zekere mate. Het exclusivisme in de psychologie komt heel dicht bij geloof en geestesleven. Daar zit het probleem. Ik weet ook niet of alle psychologische theorieën waar zijn. Ik ben daar wat voorzichtig in...

Onlangs werd een studie gepubliceerd waarin gezegd werd dat het religieuze gen ontdekt was, waarzonder men niet gelovig kan zijn. Kunt u daarin stappen?
Bizar. Ik weet niet of dat waar is. Het zou mij heel erg verwonderen. Tegenwoordig zit alles in de genen en over enkele jaren is het weer wat anders.

Het zou in elk geval betekenen dat de mens gepredestineerd is om te geloven, of niet...
Voor een stuk, ja. Ik vind dat een man zoals Antoon Vergote altijd het voorbeeld geweest is van een rustige integratie van psychologie en psycho-analyse en religie. Ik vind dat een merkwaardige man. Ik heb maar een keer les van hem gehad gedurende een semester. Maar na de universiteit, tot nu toe, vind ik de publicaties van Vergote en de manier waarop hij dat allemaal tegemoet treedt, merkwaardig. Hij is echt een maître à penser. En dan is er nog de populaire psychologie. Daar heb ik geen enkel vertrouwen in. Ik weet niet waarom het geloof onuitroeibaar is. Ik weet alleen dat het zo is.

Religiositeit onttrekt zich helemaal aan de wetenschappelijke methode. Ze heeft met exacte wetenschap niets te maken.
Met exacte wetenschap zeker niet. Het is een wonder verschijnsel dat religie en geloof in de wereld bestaan. Voor mij is dat het bewijs dat de mens meer is dan de mens. En ik kan dat niet uitleggen. Maar hoe meer je slaat op het geloof, hoe meer je ertegen vecht, hoe taaier dat wordt. Je krijgt het religieus gevoel toch eigenlijk niet dood, hé. En in een tijd zoals nu, van extreme secularisatie, zie je plotseling nieuwe gevoelens van religiositeit ontstaan, weliswaar niet allemaal christelijk. Maar de tijd is werkelijk voorbij van te zeggen, zoals Auguste Comte, vader van

het positivisme: er is niks meer te zoeken, jongens, we hebben alles gevonden! Dat zegt men minder en minder.

Heeft de Kerk juist gereageerd op de bloei van de wetenschappen?
Ik ben ervan overtuigd dat met name de katholieke kerk altijd een immens respect heeft betuigd voor de natuurlijke rede. De protestanten hebben dat veel minder. Voor hen komt het geloof van boven 'Senkrecht von oben'. Karl Barth zegt trouwens dat al wat psychologie is, en rede, generlei waarde heeft. Enkel de Boodschap telt, die als een meteoorsteen op onze hoofden valt. Zo van: 'Wat antwoord je: ja of nee?' De katholieke kerk heeft dat nooit aanvaard. Sinds de oudheid heeft ze eerst de Griekse filosofie geïntegreerd, door de kerkvaders; vervolgens, met Sint-Thomas tijdens de middeleeuwen de Grieken en de Arabieren, en zelfs het Romeinse recht. En Vaticaan I was de finale bevestiging van de waarde van de zuivere menselijke rede. Het is dat wat mij meer en meer getroffen heeft, vanaf Leuven, toen ik meer begon na te denken over waarom ik christen was en katholiek: dat enorme respect voor de natuurlijke rede en haar mogelijkheden. En onze proffen, die overigens gelovig waren en de meesten bovendien priester, waren toch mannen van de wetenschap. Zij maakten de synthese.

Als student bezocht Godfried Danneels (uiterst rechts, achteraan) de koolmijn in Beringen.
Bron: Aartsbisschoppelijk Archief, Mechelen

Is dat vandaag niet heel wat moeilijker? Denken we maar aan Christian de Duve, die toch ook zijn twijfels heeft...

Het is een feit dat het agnosticisme en de twijfel nu veel meer aanwezig zijn dan pakweg 50 jaar geleden. Maar toch denk ik dat telkens als je zegt: 'Dit kan niet', dat je die uitspraak meteen moet inslikken. Alles is altijd mogelijk. Als je zegt: 'het is niet mogelijk, er kan niets meer zijn dan wat ik zie door mijn microscoop', dan ben je erg onwetenschappelijk bezig.

Is het geloof onuitroeibaar omdat het de mens perspectief geeft?

Ik weet niet waarom het geloof onuitroeibaar is. Ik weet alleen dat het zo is. Maar waarom? Ik denk dat het geloof beantwoordt aan een aspiratie in de mens naar transcendentie. Naar verder. Naar meer. Dat zit trouwens ook in de wetenschap. Altijd voort naar meer. En ik denk ook fundamenteel dat het geloof te maken heeft met eeuwig leven. Met het voortbestaan. En op een moment dat het voortbestaan grondig in twijfel wordt getrokken, zoals nu in onze tijd, is het geloof in grote moeilijkheden. Maar dat verlangen om voort te bestaan is zodanig ingeworteld, dat ik eigenlijk niet kan verstaan waarom een mens zegt: 'Het is genoeg geweest, ik maak er een eind aan'. Of: 'Ik heb dat niet nodig, van voort te bestaan'. Dat is werkelijk prometheaans zelfzeker zijn.

Anderzijds kan men zeggen dat mensen die geloven of willen geloven in de transcendentie, zich eigenlijk niet akkoord verklaren met de Schepping. De mens is nu eenmaal sterfelijk.

Ja, maar! Het voortbestaan heeft niets te maken met onsterfelijkheid! Je bent sterfelijk. Het voortbestaan betekent dat de dood geen eindpunt is waar je vernietigd wordt. De wetenschap zegt terecht dat je cellen niet kunnen blijven leven, dat is onmogelijk. Maar dat heeft niets te maken met het voortbestaan. We zijn sterfelijk, maar we kunnen eeuwig leven hebben. Onze cultuur is eigenlijk, hoe zal ik het zeggen, kalm melancholisch. Je moet eens op straat kijken. De mensen zijn niet zuur, tenzij het regent, maar ze zijn ook niet blij. Ze zijn zo...

Gelaten?

Ja, en melancholisch. Er is iets wat ze niet hebben en ze kunnen zelf niet zeggen wat. Melancholie is een vreemd spook.

En komt dat door de secularisatie, waardoor die zekerheid weggevallen is? Die Roomse blijheid?

Het komt door verschillende dingen. Het komt inderdaad door het wegvallen van de zekerheid; het komt door het feit dat we veel prozaïscher en pragmatischer in het leven staan. Zo van: 'Wat ik nu onder handen heb, is mij genoeg'. We hebben de grote idealen verloren.

Ik denk dat daar het grote probleem zit: de grote idealen zijn weg. De godsdienstige, maar ook de politieke en de sociale. Denk aan het marxisme en het communisme. Alle oude ideologieën zijn dood. En nu zitten we in de tijd van la pensée faible, waar men zegt: 'Er is eigenlijk niks meer, hé'. Het is bijna een dierenleven. Een koe doet dat ook: ze eet het gras op dat ze voor zich vindt en denkt geen meter verder. Tenzij aan de elektrische afsluiting waar ze niet over kan.

Is er geen hoop zonder geloof?
Nee. Ofwel moet je je hoop reduceren tot het leven van cadeau tot cadeau, en zeggen: 'Verder kan het niet'. Als een kind voor sinterklaas. Maar zonder geloof is er geen hoop. Toch geen fundamentele hoop.

En wat dan te zeggen van hen die geloven in de mens? Hebben ze ongelijk?
Ik wens ze veel geluk!

Want de mens heeft toch ook zijn goede kanten, dat moet u toch erkennen!
Uiteraard heeft hij zijn goede kanten. Hij heeft zeer goede eigenschappen. Maar hij is eindig, die arme mens. Het feit dat je in de mens gelooft, getuigt zelfs van een zekere heldenmoed. Ik vraag me zelfs af, of het niet verder grijpen is dan je eigenlijk kunt. 't Is toch af en toe een beetje roepen in de kelder. Zo van: 'Ze zullen mij niet hebben!' Tot je sterft, natuurlijk. Dan heeft Hij je.

Waar is de vreugde heen? Want er is al te veel verdriet: in heel de wereld en ook in ons. Ook in de Kerk en in het hart van elke mens. Vanwaar komt die soort "milde melancholie" die als een mist over onze beschaving hangt? We zijn koortsig, wij zijn wat ziek. De crisis is daarvan zeker wel één reden. Maar is er niet veel meer? Gisteren schreef me nog iemand: "Mijn man en ik zijn uit elkaar; en toch zijn wij beiden van zo'n goede wil. Maar zo onmachtig. Wij houden van elkaar; waarom kunnen we elkaar niet vinden ?" Inderdaad, waar komt al dat verdriet in huizen en in harten vandaan? Kan iemand ons die "put van Jacob" wijzen, waar wij het levend water van de vreugde kunnen halen? Want zoveel mensen zitten op de rand, vermoeid en dorstig op het middaguur van hun leven. Zoals Jezus. En met Hem zeggen zij: "Geef mij te drinken" (Joh. 4, 7).

Uit “De vreugde van de Poverello”, Paasbrief Kardinaal Danneels 1982

III

ROME EN HET CONCILIE 1954-1965

Na Leuven wordt u naar Rome gestuurd. Hoe komt het eigenlijk dat u uw theologiestudies niet in Leuven mocht doen, want dat was toen al een vermaarde faculteit.
'k Weet het niet. Het is de bisschop die dat beslist heeft.

Mgr. De Smedt?
Ja. Ik weet nu nog niet waarom hij die beslissing genomen heeft.

Hij heeft dat nooit gemotiveerd bij u?
Men motiveerde in die tijd nooit. Ik was natuurlijk een goed student. Mijn probleem was eigenlijk niet om een graad te halen of een hoge graad te halen, maar wel om hem niet te verliezen. Ik weet nog goed, in het eerste jaar filosofie, ik had grootste onderscheiding, dat de president mij na de deliberatie zei: 'Je had ze eigenlijk niet, die grootste onderscheiding. Je kwam een paar punten te kort'. Dat kwam doordat professor Koch van biologie geen filosofen kon uitstaan. Van hem had ik een 12 gekregen. En op de deliberatie had ik die 'grootste onderscheiding' cadeau gekregen.

'Maar', zei de president, 'ik had liever gehad dat je geen grootste had gekregen. Ik heb er nog voor gepleit dat we je de graad niet zouden geven'. Ik vroeg waarom. 'Wel, je moet ze dan volgend jaar weer halen, of anders ga je achteruit'. En ik heb water en bloed gezweet tijdens het tweede jaar. En ik had weer grootste onderscheiding. En de president kwam bij mij en zei: 'Nu hàd je ze!'

Je kon toen in Leuven ook geen lagere cyclus theologie volgen. Theologie was alleen scola major, nadat je al priester gewijd was en een elementair curriculum van theologie gevolgd had. Normaal had ik naar Brugge gemoeten voor theologie. Maar goed, het werd Rome en dat was iets anders.

Hoe reageerden uw ouders daarop?
Mijn vader was tevreden. Hij vond het fantastisch een zoon te hebben die in Rome studeerde, dicht bij de paus. Want hij dacht waarschijnlijk dat we de hele dag bij de paus waren.

Dat moet nog een ander avontuur geweest zijn dan Leuven. Je komt daar terecht in een wereldstad.
Een andere taal, een andere cultuur. Waar ik veel geleerd heb, maar niet op wetenschappelijk gebied.

Precies, want u heeft ooit gezegd: Leuven was op diverse terreinen beter. Bijvoorbeeld moderne Bijbelwetenschap aan de Gregoriana in Rome stelde niet zoveel voor.
Ja, dat stelde toen niet veel voor. Nu is dat veel beter. Toen was dat eigenlijk toch niet 'vet'. Er waren enkele heel goede professoren voor enkele vakken. Onder andere die van dogmatiek, bij wie ik later mijn thesis gemaakt heb, Alvaro, een Spanjaard. Een heel goede man, heel scherp, was ook gevormd geweest bij de jezuïeten in België. Dan was er nog een Amerikaan. Die zei over de Drie-eenheid: de Vader is de Zoon niet, de Zoon is de Vader niet, de Vader is de Geest niet... Enfin, dat waren 14 proposities. En hij zei in het Latijn dat het compleet was, *sed nulla intelligentia*. Dat was een genie.

Ik durf te zeggen dat in Rome mijn geest niet in de eerste plaats open ging voor de wetenschap, maar wel voor de cultuur. Allereerst voor de Italianen. Een goddelijk volk, ondanks alle miserie die je ermee hebt. Zorgen dat je niet bestolen wordt, bijvoorbeeld. Maar voor de rest zijn het aangename mensen. Dat jatten is nu trouwens veel verbeterd, maar toen mocht je echt niks bij je hebben.

En dan de stad Rome! Daar heb je alles vanaf het hele eerste christendom, de catacomben, tot nu. Je liep er tussen de geschiedenis, tussen de monumenten. We woonden toen in de stad, op de via del Quirinale vlakbij het paleis van de president. We gingen elke namiddag een uur wandelen en de donderdag waren we helemaal vrij. Je wandelt er over het Forum, tussen de basilieken, de oude kerkjes. Je kan geen 50 meter lopen of je komt iets tegen uit de geschiedenis. En ik leerde Italiaans.

Nochtans werden de lessen in het Latijn gegeven. Viel dat mee?
We hadden heel veel Latijn geleerd op de humaniora. Na een maand kon je alles zeggen in het Latijn en verstond je ook alles. Noteren viel iets moeilijker... Maar het Latijn heeft het voordeel dat je alles veel korter kunt zeggen. Je hebt dus niet zoveel woorden nodig en je kon dus bijna letterlijk opschrijven wat de prof zei. Maar die sprak ook niet altijd perfect Latijn.

Intussen zijn ze daarvan afgestapt, want de voertaal aan de Gregoriana is nu het Italiaans.
En dat is net het tegenovergestelde: heel veel woorden om weinig te zeggen.

Zaten de auditoria toen nog boordevol aan de Gregoriana?
Stampvol. De grote aula zat helemaal vol.

Hebt u daar medestudenten gekend die later ook kardinaal geworden zijn?
O ja, een hele reeks. Die zijn nu ook allemaal in de 70 en sommigen al ouder, want ik ben jong kardinaal geworden. Zij waren soms 60 jaar toen ze de titel kregen. Er zijn er ook al veel gestorven.

En door die ontmoetingen ging uw blik op de wereld nog meer open dan in Leuven?
Je zegt het goed: op de wereld, niet op de wetenschap. Ik zou zeggen: in Leuven was het centrale gebouw voor mij de bibliotheek. In Rome waren de centrale punten de Santa Maria Maggiore, de Sint-Pieter, dus eigenlijk de cultuurmonumenten en de godsdienstige monumenten. Het voordeel was ook dat we heel veel studenten uit de hele wereld ontmoetten. De Brazilianen, de Spanjaarden, de Duitsers die in een rode toog rondliepen. Het Duitse College, dat kenden we allemaal, en het Franse College. De Franse studenten waren de enigen zonder eigen kenmerk. Alle andere colleges onderscheidden zich door hun kledij. Wij hadden een zwart-rode singel, die we altijd moesten omdoen, en de Fransen liepen gewoon in zwarte toog rond. Ene paus Pius de zoveelste had dat uitgevonden, die sjerpen, om de colleges te onderscheiden. En hij had aan de Fransen gezegd: 'Uw kledij zal zijn: een witte toog met blauwe singel, de kleuren van OLV van Lourdes'. De Fransen hebben dat nooit gewild. Nu, in witte toog met blauwe sjerp door Rome lopen, is natuurlijk ook niet te doen.

Het kerkelijk apparaat was toen nog 100% intact, met honderden roepingen. Imponeerde u dat, die kerkelijke machtsontplooiing?
Wij gingen heel weinig naar het Sint-Pietersplein, heel weinig naar de paus, misschien een paar keer per jaar. Het was ook een half uur te voet van het Belgisch College. Bovendien waren de grote plechtigheden

Priesterwijding G. Danneels

Op zaterdag 17 augustus 1957 werd Godfried Danneels door mgr. De Smedt priester gewijd in de kerk van Kanegem. Het is de 25ste huwelijksverjaardag van zijn ouders. Bij het verlaten van de kerk ontvangt de nieuwe priester de kelk van priester-leraar Daniël Billiet, zonder wiens invloed hij misschien nooit priester zou zijn geworden. Bisschop De Smedt wijdt en passant ook nog het nieuwe gemeentehuis in en blijft nadien voor de feestmaaltijd.

Mgr. Calewaert wijdt nieuwe priesters en diakens

Mgr. Calewaert zal zondag 18 augustus te 8.30 uur in de Sint-Baafskathedraal de heilige wijdingen toedienen aan 24 nieuwe priesters, onder wie 19 seculieren, 2 Augustijnen, 2 Karmelieten en 1 Dominikaan, alsmede aan twee nieuwe diakens, seminaristen van het bisdom.

Uit 'De Standaard' van zaterdag 17 augustus 1957, rubriek Kerkelijk Leven

minder talrijk dan nu. Een plechtigheid buiten op het Sint-Pietersplein, dat was uitzonderlijk. Ik heb dat eigenlijk nooit meegemaakt, tenzij voor de pauskeuze van Johannes XXIII.

Hebt u paus Pius XII ooit ontmoet?
Nee.

Het was een heel afstandelijke man, een wat zwevende figuur ...
Het was een imposante figuur, met een soort waas van geheimzinnigheid over zich, mystiek bijna. Hij lag op sterven en bad dan van op zijn ziekbed de rozenkrans. Iedereen kon dat meevolgen via luidsprekers, onder andere in de Santa Maria Maggiore, en daar hing zo'n waas... Het gerucht liep ook dat hij visioenen had, maar ik geloof daar niks van. Al bij al waren wij weinig bezig met het kerkelijk apparaat.

Hoe ging het eraan toe op het Belgisch College?
Vrolijk...

Waren jullie met velen?
Een man of twintig, niet meer. Het was een oud gebouw, een oud Karmelietenklooster. Armetierige boel. We sliepen in de kleine cellen van de Karmelieten. Gelukkig dat het er nooit erg koud was, want er sloot geen enkel raam. Maar het was een vrolijke boel. De president, mgr. Devroede, die later vice-rector van de K.U.Leuven geworden is, was een rashumorist. Aan tafel amuseerde hij ons met zijn imitaties. Hij kon alle kardinalen nadoen, enfin, toch de bekendste. Om je dood te lachen. Op een paasavond kwam de vrouw van de ambassadeur op bezoek. Ze was te laat en arriveerde halfweg de dienst. Mgr. Devroede zei haar achteraf: Mevrouw, u was net op tijd om uw doopgeloften te hernieuwen...

Waren er op het Belgisch College mensen die u later teruggezien hebt?
Op Pinkstermaandag ontvang ik de 'Romani', dat zijn al degenen die met mij in Rome waren, of een jaartje ervoor of erna. We komen elk jaar bij elkaar voor een etentje, nu eens bij de ene dan bij de andere. Er zijn er al een pak overleden.

Komt die blijheid dan weer naar boven?
Och, dan worden er veel anekdotes verteld. Dat is wel aangenaam. Een groot deel van de mensen die achteraf bisschoppelijk vicaris geworden zijn, heb ik gekend in Rome.

In het derde jaar van uw Romeinse studies wordt u priester gewijd, op 17 augustus 1957, in de kerk van Kanegem, uitgerekend op het zilveren huwelijksjubileum van uw ouders.
Dat was sterk. We werden gewoonlijk in Rome na het derde jaar theologie gewijd, niet na het vierde, omdat we meestal een jaar meer filosofie gedaan hadden. En ik weet dat ik in die grote vakantie van '57, terwijl ik thuis was, gewijd moest worden. Mgr. De Smedt vroeg: 'Wanneer gaan we dat doen?' En ik zei, ik had daarover nagedacht: 'Mijn ouders zijn op 17 augustus 25 jaar getrouwd'. En hij had toen de gewoonte om te wijden in de parochie waar je woonde. Hij zei: 'Wel, ik zal u dan in Kanegem komen wijden'. In dezelfde kerk waar mijn ouders exact 25 jaar tevoren getrouwd waren! En hij heeft dat gedaan, op een namiddag. Het had vreselijk geonweerd. Het was rond vier uur. Want al diegenen die na vier uur gewijd werden, zijn priesters 'van achter de vieren', zeggen ze in West-Vlaanderen... En dat heeft een pejoratieve bijklank. Heel de parochie was daar. Ze hadden net een nieuw gemeentehuis gebouwd, tegenover de hoofdingang van de kerk. De bisschop heeft daarna trouwens dat gemeentehuis ingezegend en bleef ook nog voor het diner op het gemeentehuis. Met de gemeenteraad die bijna helemaal uit boeren bestond, met een of twee arbeiders. Een van die arbeiders zat naast de bisschop aan tafel. Er werden krielaardappeltjes opgediend. En die man zei boos tegen de bisschop: 'Ik ga interpelleren in de gemeenteraad. We hebben hier zulke grote aardappelen en ze geven zo'n bocht als de bisschop komt!' Heel West-Vlaanderen heeft dat natuurlijk geweten.

Toen u daar tijdens uw wijding voor het altaar lag, in prosternatie, ging die film van die paaswake niet door uw hoofd?
Misschien op dat moment niet. Maar het is toch indrukwekkend. Je moet maar eens tien minuten op de vloer gaan liggen, plat, daar kom je niet ongestraft uit.

U voelde zich verpletterd ...
Je voelt je, ja...geprosterneerd. Overgegeven...

De ultieme acte van nederigheid ...
En je raakt eigenlijk de grond, je wordt één met de aarde en dat is een heel speciaal gevoel. Je voelt je net een worm. 't Is daarenboven niet makkelijk liggen, verre van comfortabel op die koude marmeren vloer.

Weet u nog wat u in uw eerste homilie verteld hebt?
Nee, nee. Ik weet daar niks meer van.

U heeft ze niet bewaard?
Nee, helemaal niet. Ik weet daar niets meer van.

Was dat een emotioneel moment voor u? Voelde u zich overweldigd door het idee dat u voortaan priester was?
Dat raakt diep, maar het komt ook voor een stuk door het feit dat de mensen je voortaan anders gaan bekijken. Voor de mensen ben je plotseling priester. En je bent dan een jongen van 24 jaar. Maar het meest emotionele moment, dat was bij het buitenkomen van de kerk na mijn wijding. Men bood mij toen de kelk aan die priester Daniël Billiet gebruikt had, die priester-leraar met wie ik een nauwe relatie had op het college. Ik heb die kelk nog en doe er elke dag de mis mee. Dat was een emotioneel moment. Billiet had altijd gezegd: als je priester gewijd wordt, krijg je mijn kelk. Maar voor de rest zijn dat van die feestdagen waarop je je eigenlijk met moeite bewust bent waar je bent en wat je doet. Je onthoudt alleen details. Zoals mijn zus aan wie ik eens vroeg: weet je nog wat ik in mijn preek gezegd heb, toen ik je getrouwd heb in de kerk van Kanegem? Nee, zei ze, het enige wat ik weet is dat het die dag vreselijk warm was... En dat was alles wat ze onthouden had van haar trouwdag.

Maar ik neem aan dat u zich nog perfect de eerste biecht herinnert, die u hoorde?
Ja. Je voelt je wel totaal onwaardig. De biecht die ik moest horen, was voor de H. Hartbond. Op een bepaalde zondag, de zoveelste van de maand, gingen alle mannen ter communie. En ik moest dus om zes uur 's ochtends naar omliggende parochies, Aarsele, Schuiferskapelle, Ruiselede om 'vreemde' biechtvader te zijn. En dan hoor je zo'n oude boer in de biechtstoel kruipen. Je trekt het schuifje open en die man zegt wat hij misdaan heeft. Dan zeg je bij jezelf: 'De rollen zouden hier misschien beter omgekeerd zijn'. Nu vergeeft een jonge snotaap de zonden van die oude man...

Had je op dat moment het gevoel dat je een last op je schouders droeg?
Ja, alhoewel we toen nog niet zoveel te doen hadden. Er waren zoveel priesters! Ik ging alleen naar die dorpen, omdat het dicht bij huis was.

Wat waren uw functies in het begin?
Studeren. Terug naar Rome voor twee jaar. Ik hoorde enkel biecht tijdens de vakanties.

Tijdens uw studies sterft Pius XII. Komt daar een wat vreemd figuur, Johannes XXIII Roncalli. U heeft ooit gezegd dat u niet meteen warm werd van de nieuwe paus.
Je staat op het Sint-Pietersplein. Die loggia gaat open en je ziet daar zo'n rond dikkerdje naar voren komen, zonder enige 'looks'...

Het decorum van Pius XII...
...was helemaal weg. Roncalli zegende op z'n Italiaans (maakt snelle zegenende gebaren, nvdr). Pius XII zegende op z'n Duits. We dachten: wat hebben wij hier eigenlijk vast? Ik weet nog dat Wilfried Dumon, hij was toen niet meer in Rome, in Brugge tv zat te kijken. Hij heeft altijd gezegd: de eerste keer dat ik Johannes XXIII zag komen op tv, zei ik aan mijn collega's, 'maar dat beeld van die tv staat veel te bol!'

Maar toen hij een concilie ging organiseren, toen werd u wel enthousiast.
Ik denk dat hij niet goed wist waaraan hij begon. Er wordt verteld dat hij een paar maanden na zijn pauskeuze tegen zijn substituut Tardini zei: 'Facciamo un piccolo concilio'. We gaan een klein concilietje houden. En hij dacht dat dat met kerstmis gedaan zou zijn. Maar het heeft vier jaar geduurd. En wat hij daar geriskeerd heeft! Hij wist niet wat dat zou meebrengen, en gelukkig!

Godfried Danneels als priester-student in het Belgisch College in Rome
Bron: Belgisch College, Rome

Zat het eraan te komen? Voelden jullie dat er iets ging veranderen?
Ja. Je voelde dat met Johannes XXIII alles mogelijk was. Hij behoorde niet tot de Curie. De eerste keer dat hij op audiëntie verscheen, droeg hij een camauro (pauselijk hoofddeksel, verwant aan de Frygische muts, nvdr), die men niet meer gezien had sinds de 16de eeuw. De huidige paus draagt die trouwens ook weer. Alles was mogelijk. Joannes had een echte Italiaanse piëteit. Met al wat er schoon en lelijk aan is. Ter gelegenheid van een ad liminabezoek mocht mgr. De Smedt zijn studenten in Rome meenemen op audiëntie bij de paus. We waren met vieren. We gingen binnen en Joannes zei: 'Ha, de vier kardinale deugden!' Wij stonden erbij te kijken, want wat moet je daar op antwoorden! Na een foto stonden we weer buiten.

Had de Kerk een concilie nodig, toen?
Achteraf gezien wel, ja.

Want u zei daarnet: hij heeft een enorm risico genomen...
Ja. Ik denk dat hij iets losgemaakt heeft waarvan hij niet *kon* voorzien dat het daartoe zou leiden. Tot die vier jaar, en tot eigenlijk, ja, een enorme kwalitatieve sprong als je het plaatst in de geschiedenis van de Kerk.

Was het het belangrijkste concilie sinds Trente?
Alle concilies zijn belangrijk, maar dit was toch wel heel bijzonder. Voor het eerst kwam de idee van decentralisatie naar voren, van collegialiteit, van de interpretatie van de Bijbel, van religieuze vrijheid, van andere godsdiensten, van oecumene, van Kerk en wereld: dat was eigenlijk allemaal totaal nieuw.

Werd er over die thema's gesproken op het Belgisch College?
Jazeker. De eucharistievieringen op het College gebeurden al met het gezicht naar het volk. Rector Devroede was een zeer open en breeddenkend man, met oog voor vernieuwing. Natuurlijk hadden die 'experimenten' plaats in onze besloten gemeenschap. De buren wisten er niets van...

Maar de Belgen behoorden tot de voorhoede?
Ik durf te zeggen dat niets van wat later zou worden vastgelegd op het Concilie mij vooraf onbekend was. Ik vond dat allemaal vrij normaal. Wat kon men anders beslist hebben? En toen ik op het seminarie in Brugge was in '62, waren alle conciliaire opvattingen over Bijbel, exegese, religieuze vrijheid, kerk en wereld, opinio communis. Wij waren helemaal niet verwonderd.

U zat natuurlijk dicht bij mgr. De Smedt, die een groot figuur was op het concilie. Praatte hij daarover met u, want u zat daar op een verantwoordelijke post?
Ik was daar nog maar pas en ik was nog erg jong. Maar De Smedt kwam niet zoveel naar het seminarie. Hij liet het seminarie voor wat het was en dat was ook goed zo. Mgr. De Smedt was een wondere figuur. Eigenlijk was hij een zeer klassiek bisschop, die de traditie van Mechelen meebracht naar Brugge. Een zekere bompa. Toen hij aantrad, heeft hij onmiddellijk zijn ceremoniarius in de kathedraal opgedragen een paarse toog te dragen, zoals in Mechelen. Wat we nog nooit gezien hadden daar. Maar tegelijk kon hij heel moderne visies hebben, die je nooit van hem verwachtte. En ten derde, hij was niet bang. Hij kon zo nu en dan een uitdrukking gebruiken die bijna lapidair was. Dat deed hij dan ook op het Concilie. 'Triomfalisme' bijvoorbeeld is een woord van hem. Het staat nu in de 'Petit Robert'.

Zijn toespraak op het Concilie heeft wel gensters geslagen...
Dat was te wijten aan de inhoud, omdat hij zei: 'Het moet gedaan zijn met het verheerlijken van de Kerk die nooit fouten maakt, met dat triomfalisme'. Maar het lag ook aan de vorm. De Smedt was een groot redenaar.

Hoe valt die evolutie te verklaren? Roncalli verandert, De Smedt verandert, en heel wat anderen ook. Was het de geest van de tijd?
Het was de moderniteit die haar intrede deed in de manier van denken en voelen. Niet zozeer van de Kerk, maar van diegenen die het in de Kerk voor het zeggen hadden: de aartsbisschoppen, veel bisschoppen en bepaalde kardinalen. Er waren in het concilie maar vier of vijf echt belangrijke figuren: de kardinalen G. Lercaro, J. Döpfner, G.B. Montini, L.J. Suenens en G. Agagianian, die uit Armenië afkomstig was.

De hervormers hadden niet bij voorbaat gewonnen...
Helemaal niet! Tot op het laatst werd er obstructie gevoerd. Het gros van de Curie was tegen de hervorming. Er wordt gezegd, en ik geloof dat ook, dat de Curie na 4 jaar concilie zei: 'Dat ze nu maar naar huis gaan, de bisschoppen, zodat we de zaken weer in handen kunnen nemen'.

Einde van de speeltijd!
Maar de speeltijd stopte niet!

Wat is de meest wezenlijke vernieuwing van Vaticanum II? Als u alle ballast weggooit ...
Het zijn er veel, hé...

“ALS JE AAN DE LITURGIE IETS VERANDERT, GAAT DAT ZEER DIEP.”

Maar als liturgist zou u zeggen: de liturgie?
De liturgie, zeker. Ik denk dat dat fundamenteel is, want als je aan de liturgie iets verandert, gaat dat zeer diep. Ik denk dat liturgie een van de voornaamste dingen is. Maar ik zou ook zeggen: het verlaten van het beeld van de Kerk als citadel, en het overschakelen naar een beeld van de Kerk als gist in het deeg. Eigenlijk is de verhouding Kerk-wereld fundamenteel veranderd door Johannes XXIII die zei: ‘We moeten de vensters opengooien...’

Aggiornamento...
Aggiornamento.

Precies door haar eigenheid, haar multiculturele instelling, speelde de Belgische kerk een grote rol: ‘la squadra belga’. Vormde het Belgisch College een buitengewoon steunpunt op het concilie?
Zeker. Een wetenschappelijk steunpunt. De Leuvense theologen hebben een aanzienlijke intellectuele rol gespeeld. Mgr. Philips heeft de constitutie over de Kerk geschreven, toch een van de mijlpalen van het concilie. Ook door hun talenkennis blonken de Belgen uit. Ze spraken perfect Italiaans, Engels, Duits, Nederlands, Frans... Dat was voor het commissiewerk een enorm voordeel. En dan waren er natuurlijk die grote persoonlijkheden zoals De Smedt, Suenens en Charrue, die men vaak vergeet, maar die toch een grote rol gespeeld heeft.

Merkte u dat al op het Belgisch College, toen u daar studeerde?
We twijfelden er niet aan dat mgr. De Smedt een grote rol zou spelen. Suenens zelfs nog een grotere, want hij was internationaal al meer bekend. En dan was er die Belgische geest, die het mogelijk maakt om formules te vinden die de twee partijen verzoenen en die terzelfder tijd iets betekenen. Men heeft me altijd verteld dat Philips de kunst verstond om naar alle meningen te luisteren en ze vervolgens te verenigen in een genuanceerde zin met betekenis, waarover niemand kon struikelen.

Het Belgische compromis...
Zeker. Dat heeft gespeeld. De zin voor formules om een compromis te vinden.

Dat gaat vandaag verloren?
Het is al verloren!

Ramen en deuren van de Kerk werden wijd opengezet, maar het is langs die ramen en deuren dat in de jaren na het concilie duizenden priesters en religieuzen de Kerk verlaten hebben. Heeft het Concilie daar schuld aan?
Nee. Hoe kan een concilie daaraan schuld hebben?

Zou het zonder het Concilie niet zo gelopen zijn?
Het zou anders gelopen zijn, maar niet beter. Want ik denk dat die moderniteit, met haar zelfbeschikking, die zo al in de cultuur aanwezig was, vroeg of laat toch op een of andere manier zou uitbreken. Een concilie is een beetje een culturele schok. Net als een schip dat voorbijvaart en golven achterlaat. Dat was na Trente ook zo, maar minder na Vaticaan I, want dat werd vroegtijdig stopgezet. Na elk concilie zijn er grote turbulenties. En die vielen samen met de ontwikkeling van de rechten van het Ik. Met zekere vooruitzichten dat alles zou veranderen. Heel wat priesters zijn uit het ambt gestapt omdat ze ervan overtuigd waren dat het celibaat zou worden afgeschaft. Ze liepen op de zaken vooruit. Dat heeft volgens mij een grote rol gespeeld.

De liturgische hervorming, uw vakgebied bij uitstek, is die te ver doorgeschoten na het concilie? U heeft ooit gezegd: waar de onkunde triomfeert, dreigt de breuk.
We hebben de zaken laten evolueren zonder de mensen uit te leggen waarover het ging, zonder de priesters uitleg te geven. We hebben dat heel snel gedaan. In heel de cultuur waarin we nu leven, is er een grote moeilijkheid van het percipiëren van het onzichtbare. Over de hele planeet. Wat doet men dan? In de liturgie gaat men dan vooral het zichtbare ontwikkelen, wijzigen en bewerken. Het onzichtbare verdwijnt dan helemaal. Ik doe soms vormsels, waar men een verhaaltje voorleest over Mickey Mouse. Dan zeg ik: 'Je onderschat die kinderen! Je maakt er een schooltoneeltje van en ze zullen daar niets van onthouden'. De voorgrond wordt zo benadrukt en ontwikkeld, dat de achtergrond uit het zicht verdwijnt. Het is een crisis van het onzichtbare.

Heeft men het kind met het badwater weggegooid, door de invoering van al die profane teksten?
Daar is te weinig over nagedacht. De gelovigen treft hier geen schuld. Zij zijn vol goede wil en denken dat het zo moet, maar ze begrijpen niets meer van het mysterie.

"IK DOE SOMS VORMSELS WAAR MEN EEN VERHAALTJE VOORLEEST OVER MICKEY MOUSE."

Ik stel vast dat het lectionarium heel makkelijk opzij wordt geschoven om plaats te maken voor allerlei zelfgemaakte teksten. Doet u dat pijn?
Ja, en niet alleen omdat het niet meer de teksten uit de Bijbel zijn die gebruikt worden. Dat ook. Maar het is ook een ongelooflijke culturele verarming. Als je teksten hoort die mensen zelf maken en je vergelijkt die met de grote verhalen uit de Bijbel, dan zeg je: 'Jongens, waar zijn we eigenlijk in verzeild! Dat is hier een kinderspel!' Daar komt geen verstandig mens nog naartoe. En ze komen ook niet meer.

Een algemeen gebrek aan vorming?
Absoluut. Ook voor de kerkgangers die er niets meer van begrijpen. Er moet een enorme inspanning geleverd worden op het vlak van catechese en evangelisatie. Zelfs de woordenschat om over God te spreken ontbreekt.

Is dat misschien de reden waarom paus Benedictus een stap gezet heeft in de richting van het eerherstel van de oude Latijnse mis?
Ik weet niet waarom hij dat gedaan heeft. Hier bij ons is het perfect overbodig.

Is er vraag naar?
Nee, geen enkele. Ik heb geen enkele aanvraag in heel mijn bisdom. En ik denk dat er in heel België vrijwel geen vraag naar is. Wij hadden van tevoren in het bisdom een plaats of twee waar het kon en daar blijft dat ook zo. Misschien heeft men gedacht: 'Als we de oude ritus toestaan, zullen de mensen weer aansluiting zoeken bij de katholieke kerk'. Ik ben er altijd zeker van geweest dat ze dat niet zouden doen. Men heeft de locomotief vervangen, dat was de Tridentijnse ritus. Maar het zijn de wagons die er achter hangen die belangrijk zijn! En wat zit er in die wagons? Het afwijzen van Vaticaan II: geen godsdienstvrijheid, geen oecumene, geen interreligieuze dialoog. En diezelfde wagons worden momenteel getrokken door een andere locomotief, dat is alles. De paus mag die oude ritus toestaan. Er zijn altijd oude ritussen geweest in de kerk. Er zijn er nu nog andere: bij voorbeeld de Ambrosiaanse ritus in Milaan, of de vele Oosterse ritussen. Maar ik denk dat het een maat voor niets is, te denken dat je daardoor de Lefebvristen terug binnenhaalt.

"WE LEVEN IN EEN SOORT KERMIS, HÉ. MAAR ER KOMT EEN MAANDAG."

Ze zijn ook een minderheid...
Pas op, er zijn 400 priesters in de wereld die Lefebvrist zijn.

't Zou een mooie zaak zijn, mochten die in de schoot terugkeren...
Ik zie dat niet gebeuren.

Onverzoenbaar met het Concilie...
Ze aanvaarden de lading van de wagonnetjes niet!

U moet het vreselijk jammer vinden dat het leven van de Belgen niet meer geregeld wordt door de liturgische tijd. Dat de mensen nu door hun horloge geritmeerd worden...
Ik denk dat je daar niet meer terug naartoe kunt omdat het liturgisch uurwerk maar functioneert als iedereen katholiek is. En dat kan nu dus niet meer. Ik heb daar ook geen spijt van, maar ik vind dat er bij heel wat mensen zeer veel oppervlakkigheid is, een gebrek aan cultuur. Dat doet me af en toe pijn.

Het practico-praktische en het pragmatische domineren: het voedsel, pardon het voeder dat aangereikt wordt door de televisie, de radio en de kranten. Mijn hart bloedt als ik zeg: 'Er zijn zoveel andere dingen, en veel diepere en menselijkere dingen te zeggen dan wat ik daar moet horen en lezen!' Zoals er ooit eens op een muur stond in Brussel, aan het vicariaat: 'Seigneur, arrête la terre, je veux descendre!'

Is er ook geen gebrek aan verantwoordelijkheid in de Kerk zelf, misschien op het vlak van de communicatie? Neem bijvoorbeeld Kerstmis, alles draait rond de geschenken van de kerstman en niemand denkt nog aan de kribbe in Bethlehem...
Zeer zeker. Maar het probleem ligt vooral op het culturele vlak, want de cultuur is toch de voedingsbodem van het geloof. Alles is zo banaal geworden. En het bedroeft mij te moeten vaststellen dat de grote massa verstoken blijft van de rijkdom van de religie, van de religieuze cultuur, van de woorden van het evangelie, van de Bijbel. Dat doet me echt pijn.

Onomkeerbaar?

Dat denk ik niet. We leven in een soort kermis, hé. Maar er komt een maandag. Ik herinner me nog goed de kermis in Kanegem op zondag. Dolle pret! Iedereen dronken. En de maandagmorgen zag je hoe de boeren met paard en kar weer naar het werk reden, hoe het leven herbegon. Ik geloof dat ook het religieuze leven zal herbeginnen. Trouwens, het christendom en het geloof zijn veel te sterk om ze dood te krijgen. We zouden al lang dood geweest zijn, met al wat we uitgestoken hebben. Het is natuurlijk aangenamer te leven in een tijd waarin iedereen katholiek is... maar dan heb je weer de verleiding van gemakzucht en van hoogmoed en pretentie. Nu hebben we die verleidingen niet meer, we hebben er nu andere. De ontmoediging. En zo is 't altijd wat.

"Scheur toch uw 'hemel' open en daal naar ons af !" Dit zeggen tienduizenden mensen in ons midden. Ze zijn van ver gekomen en ze wonen en werken met ons mee, al jaren lang. En ze zijn heel anders. Aanvankelijk hadden wij gedacht: zo anders zijn ze niet, het valt best mee. Maar ze zijn wel heel anders. In alles verschillen ze: in godsdienst en gebruiken, in wonen en cultuur, in taal. Ze zijn zichzelf en ze wensen dit niet te verliezen. Ook zij zeggen ons: "Neem ons zoals we zijn en laat ons met u mee wonen, mee leven en mee werken. Om de liefde van God, van Wie wij evenzeer de kinderen zijn."

Uit 'De andere aanvaarden', Kerstbrief kardinaal Danneels 1981

IV VAN BRUGGE NAAR ANTWERPEN 1959-1977

In de aanloop naar het concilie, in juli '59, wordt u geestelijk directeur van de theologiestudenten in Brugge, toen nog 116 man sterk. Waarin bestond uw werk daar eigenlijk?
Ik had een klein professoraat. Ik kon een kleine cursus liturgie geven, van een paar uur. Daarnaast bestond mijn werk uit collectieve geestelijke begeleiding: maandelijkse recollecties, elke zaterdagavond een vigilie ter voorbereiding van de zondag in de kerk. Ik moest er ook elke middag zijn voor het middaggebed. De directeur deed de mis. En dan moest ik een keer per trimester elke student ontvangen, gedurende een half uurtje. Individueel, om over algemene dingen van geestelijk leven te praten. Dat wil dus zeggen, 116 man in drie maanden. Ik heb zo uren gesleten in mijn zetel, van 2 uur in de namiddag tot 8 of 9 uur 's avonds, halfuur per halfuur, om al die mannen te ontvangen. Dat was daar de gewoonte, maar het was dodelijk vermoeiend, al dat luisteren. Daarnaast begeleidde ik ook nog heel wat studenten persoonlijk, want ze mochten kiezen door wie van de professoren ze begeleid wilden worden. Bovenop die collectieve begeleiding moest ik nog ongeveer de helft van de seminaristen individueel volgen. Dat was een heel boeiende periode, maar wel buitengewoon lastig, want ik heb daar uren en uren leren luisteren zonder veel te zeggen.

En zo kwam ik in contact met al die jonge problemen: het beeld van het priesterschap dat aan het evolueren was, in het begin nog niet zo sterk, maar toch. De verwerking van het concilie. De spanningen die er al konden zijn tussen progressief en conservatief, alhoewel iedereen toen progressief was. Je moest soms zelf conservatief zijn om ze wat in te tomen. En dan de hele kwestie van het celibaat. Je kon heel goed de temperatuur meten van de jeugd van 18 tot 22 jaar in West-Vlaanderen op dat moment. Hun verhouding met de ouders, de families, de parochies. Het was een heel goede leerschool in het leren kennen van mensen.

Had u als 26-jarige altijd een pasklaar antwoord op al die levensvragen?
Nee. Mijn voorganger die hetzelfde werk gedaan had, had me gezegd: 'Je moet niet proberen op alles een pasklaar antwoord te geven, want dat zal geen antwoord zijn. Je moet leren luisteren'. En dat heb ik toen geleerd. Je moet zelf niet zoveel zeggen. Dat vragen ze ook niet. Maar wel dat je empathisch luistert en af en toe zegt: dit of dat vind ik eigenlijk niet zo gelukkig. Ik denk achteraf dat mgr. De Smedt met mij

te benoemen op 26 jaar, een enorm risico genomen heeft. Dat hij dat durfde! Ik was jonger dan een heel deel van de seminaristen. Er waren toen al late roepingen, mannen van 30 - 35 jaar. De eerste avond dat ik binnenkwam - ik was nooit in Brugge op het seminarie geweest - kende niemand mij. Komt er een student naar mij die vraagt: 'In het hoeveelste jaar zit jij?' Ik zei: 'Ik ben de geestelijk directeur'. Ah!

Intussen schrijft u ook verder aan uw doctorale scriptie.
Dat is *de* beproeving geweest van die eerste jaren, want ik had gedurende het schooljaar absoluut geen tijd om daarmee bezig te zijn. Al die studenten begeleiden, twee uur lesgeven, een nieuwe cursus liturgie schrijven, want de cursus van voor mijn tijd was belachelijk. Leren dopen met een pop bijvoorbeeld, niet te doen! Ik moest dat helemaal uit de grond stampen. Nu deed ik dat wel graag. Maar ik heb mijn proefschrift moeten afwerken in de kerstvakantie, paasvakantie, zomervakantie. Twee jaar lang heb ik al mijn vakanties daaraan gewijd. Ik herinner mij zo'n paasvakantie. Ik zat te werken en buiten, voor de deur van het seminarie, was het Potteriekermis, een lokale foor met een draaimolentje dat altijd dezelfde plaat draaide. Dat lied zit nog altijd tussen mijn oren: Petula Clark, met een treurig lied over een mislukte liefde...

Waarover ging uw doctorale scriptie?
Over Henricus van Gent, een onbekende middeleeuwse theoloog, maar wel interessant. Een prof van de Gregoriana, een Spanjaard, had mij dat aangedaan. Ik heb die kennis later nooit meer kunnen gebruiken. Het was een pure methodologische oefening: iets leren schrijven en van notities voorzien, en een fatsoenlijke tekst maken.

Intussen publiceerde u ook artikels...
Alle proffen van Brugge en hadden tot plicht af en toe een artikel te schrijven voor het tijdschrift Collationes. Ik weet dat ik over de concelebratie geschreven heb, ver voor daarvan sprake was op het concilie.

U schreef ook artikels op vraag van het episcopaat...
Ik geloof dat ik op vraag van de bisschoppen een keer iets geschreven heb over de Kerk. Dat was oorspronkelijk bedoeld als document van het episcopaat. Maar ik denk dat ik theologisch te licht woog. Ik had daar nochtans hard aan gewerkt. Mgr. De Smedt heeft mijn artikel uiteindelijk gered door het te publiceren in Ministrando (het blad van het bisdom Brugge, nvdr). Het was wellicht te spiritueel en te weinig bisschoppelijk.

Sprak u toen ook al voor de radio?
Daar ben ik heel vroeg mee begonnen. Voor het Maria-halfuurtje van een pater Karmeliet in Kortrijk. Radio 2 heette toen nog 'Radio Kortrijk'. De

uitzending was op zaterdagavond. Daarna heb ik ook meegewerkt aan het godsdienstige halfuurtje op de VRT, wat nu 'Braambos' heet. Dat waren series van vier uitzendingen: elke zondag, een maand lang. De luisteraars van die tijd waren fans van het katholieke halfuurtje. Het was allemaal nog zeer binnenkerkelijk. Het waren eigenlijk meditaties, wat je nu op de radio bijna niet meer hoort. Een beetje zoals je in Duitsland nog hebt op zaterdagavond: 'Das Wort zum Sonntag', waar de mensen van zeggen: 'Dat is niet *Das Wort zum Sonntag*, maar *Das Wort zum Bier holen*!' Dan halen ze allemaal een pint uit de koelkast!

In 1967, u was dan 8 jaar geestelijk directeur geweest, werd u docent sacramentenleer en ecclesiologie. Maar daarnaast was u ook actief in het bisdom Brugge. Wat moest u doen?
Toen kreeg ik de verantwoordelijkheid voor de opleiding van de diakens. Ik ben daarmee begonnen in Brugge. De allereerste diakens heb ik gevormd, met een systeem dat niet zo veel meer voorkomt, misschien hier en daar nog. De vorming gebeurde in het gezin. Beurtelings, om de veertien dagen, gingen we bij een van de diakens aan huis. Het waren er een stuk of vier. Dat was veeleisend avondwerk.

En dan had ik ook de hele voortgezette vorming van de clerus van Brugge. Drie keer per jaar gingen we met een reeks sprekers naar alle decanaten. Ik had daarvoor de medewerking van al mijn collega's en van enkele externe theologen. Maar ik moest dat allemaal voorbereiden en er een syllabus van maken. Dat heb ik vrij lang gedaan, ik denk zelfs tot ik bisschop geworden ben.

Was het moeilijk om aan de West-Vlaamse clerus de constituties van het concilie uit te leggen?
Nee, dat was eigenlijk niet moeilijk. Ik moet zeggen dat alle dingen die het concilie beslist heeft al in de lucht hingen. Het was voor de meesten geen echte verrassing. Maar je had wel een groep priesters die de seminarieprofessoren toch al beschouwden als een soort franc-tireurs, partizanen. Men vertrouwde ze niet helemaal. Toen de professor exegese zei dat de drie koningen misschien niet historisch geweest waren, rees er wel een probleem.

Godfried Danneels tot bisschop gewijd

Antwerpen - Ongeveer 3.000 gelovigen uit Antwerpen, de Kempen en het land tussen Schelde en Rupel woonden zondag in de Sint-Jacobskerk de wijding van Godfried Danneels tot hun bisschop bij. Het was een indrukwekkende liturgie, met ontroerende momenten.

De plechtigheid, opgeluisterd door het Kathedraalkoor onder leiding van Jan Schrooten en organist Stanislas Deriemaecker, verliep volgens het eeuwenoude patroon waarmee een priester wordt geplaatst in het spoor van de apostelen. Dat gebeurt vooral in de woordeloze taal van symbolen waarvan het eigenlijke « werkwoord » de handoplegging is. Gisteren werd dat 1.900 jaar oude gebaar gesteld door aartsbisschop Suenens, de bisschoppen Daem en Desmedt en nog ruim een dozijn anderen uit Noord en Zuid. Daarna gaf de in dit mysterie gewijde bisschop de drievoudige vredeskus aan al zijn aanwezige confraters en ook, onder luid handgeklap, aan zijn ouders op de eerste rij. Nadat hem de tekenen van zijn ambt waren overhandigd, concelebreerde hij met allen de eucharistie.

Bij de aanvang van de meer dan twee uur durende plechtigheid, beval de aftredende bisschop Daem met krachtige stem zijn opvolger aan. Kardinaal Suenens van zijn kant bouwde zijn homilie op het eerder in deze krant gepubliceerde interview en zei dat de nieuwe bisschop van Antwerpen de doctrinele, de culturele en de ethische christenen zal verenigen. Tot slot maakte bisschop Danneels onder luid gejuich zijn rondgang in de stampvolle en ijskoude kerk (gvh)

Uit 'De Standaard' van 19 december 1977

De bisschop, mgr. De Smedt, kwam nooit. Hij vond dat we ons best deden. En ik had nogal het vertrouwen van de priesters, omdat ik redelijk gematigd was. Ik dacht altijd, en dat is ook zo: 'Je moet niet alleen weten wat je zegt, je moet ook het juiste moment kiezen waarop je het zegt'. Het is niet zo dat alle goede en ware ideeën goed en waar zijn op gelijk welk moment. Je moet zien hoe ver je gehoor al geëvolueerd is. Het probleem was altijd dat, als de prof van exegese zei dat je iets niet letterlijk hoefde te nemen, de priesters daar onmiddellijk het besluit uit trokken: 'alles is dus eigenlijk uitgevonden, er is dus geen enkel mirakel waar'. Maar dat klopt niet en dat moesten wij hen aan het verstand brengen. Ik had dat eigenlijk al geleerd van onze pastoor in Kanegem, toen ik klein was. In een preek had ik gehoord over de broodvermenigvuldiging. Ik moet een jaar of tien geweest zijn. 'Vijfduizend mensen, mannen, want vrouwen werden niet meegeteld, zijn door Jezus gespijzigd'. 'Och', zei de pastoor, 'laat daar maar een nulletje af, 500 zal nog veel zijn'. Ik had toen al begrepen dat daar geen telwerk aan te pas gekomen was, maar dat 5.000 gewoon veel betekende.

Kwam die relativering door het concilie, of was dat meer de tijdgeest?

Dat was de tijdgeest. Ik ben ervan overtuigd dat men na het concilie te snel gegaan is met het voorstellen van de resultaten. In de zin dat men zich beperkt heeft tot de dingen die veranderd waren. Er waren namelijk een hoop dingen *niet* veranderd, integendeel zelfs, die waren uitgediept. Daardoor zijn sommigen ontspoord geraakt. Nu is dat geen probleem meer.

De groep conservatieven was veeleer beperkt, maar was af en toe wel verstandig. Er waren pastoors die zegden: 'Je moet weten wat je aan de mensen geeft. Je moet ze niet een volledig brood geven, je moet er eerst boterhammen van maken'. Ik heb dat ook altijd gezegd. Je kunt niet alles over de hoofden van de mensen uitstorten, omdat ze ook de tools niet hebben om alles te begrijpen. Wat voor zin heeft het dan om hen met alles lastig te vallen?

Het is merkwaardig dat het concilie in België niet geleid heeft tot de polarisatie die er in Nederland bijvoorbeeld wel gekomen is. Hoe komt dat?

Ik denk dat het door twee dingen komt: het karakter van de Vlamingen en de Belgen in het algemeen, is anders dan dat van de Nederlanders. In die tijd zei ik vaak: wij hebben dezelfde problemen als de Nederlanders, maar de Nederlanders moeten het lijk zien nog voor de zon ondergaat. Wij zeggen: 'We gaan eerst nog een nacht doorbrengen en morgenvroeg zien we dan wel of we het lijk gaan groeten'.

En ten tweede is er de verdienste van Leuven, van de 'squadra belga' op het Belgisch College en in Rome, die toch eigenlijk vooruit waren op hun tijd, maar zonder er zich op te beroemen. Mensen zoals Thills en Philips wensten niet te gloriëren. Ze leverden ernstig werk. En ze hadden ook veel minder contact met de media dan in Nederland. Daar waren de media er onmiddellijk bij. Hier was de interesse van de media voor de Leuvense professoren veel minder. Ik denk dat we de vruchten geplukt hebben van een heel goede school updating-theologen. Ik zeg 'updaten' en niet 'revolutionair willen zijn'. In Nederland wilden ze zo vlug mogelijk dingen zeggen die niemand ooit gezegd had.

Waren 'Lumen Gentium' en 'Gaudium et Spes' de twee grote documenten van het concilie?
Dat waren inderdaad de twee grote documenten over de Kerk en de wereld. Vooral de volgorde van de hoofdstukken in 'Lumen Gentium' was compleet nieuw: eerst gaat het over het Volk Gods en pas dan over de hiërarchie. Tot dan toe was het eerst de paus, dan de bisschoppen en dan de gelovigen. Die klassieke orde werd dus omgekeerd. Het was een indrukwekkend document van de hand van de Leuvense professor Philips, die de formule gevonden had om iedereen tevreden te stellen met een genuanceerde tekst, die toch sterk bleef. 'Gaudium et Spes' heeft een enorme invloed gehad, maar toch denk ik dat die constitutie nu volledig herschreven moet worden. Want de problemen van die tijd zijn er nog wel, maar er zijn heel wat belangrijke problemen bijgekomen: de ecologie, de embryo's, de stamcellen... Daarover staat geen woord in Gaudium et Spes. Maar de toon was in elk geval gezet: de openheid naar de wereld, de erkenning dat de Kerk geen burcht meer was.

Toch denk ik dat de constitutie over de liturgie de grootste impact heeft gehad en het meest heeft veranderd. Het was misschien niet de meest hoogstaande constitutie (dat was zeker 'Lumen Gentium'), maar de liturgie heeft een rechtstreekse invloed op het dagelijkse leven. Wanneer je iets verandert aan de liturgie, dan raak je de zenuw van het christelijke leven. De wijze waarop men zich uitdrukt in de cultus, de *worship* zoals de Engelsen dat noemen, bepaalt het beeld wat men van zichzelf heeft, van God, van Christus en van de Kerk. Het feit dat de Bijbel in de hervormde liturgie zo een ruime plaats kreeg toegemeten, heeft een enorme invloed gehad.

Een constitutie waarover onvoldoende gesproken is en die nochtans een van de beste is, is Dei Verbum, over de Openbaring en over het probleem van de traditie en de Bijbel, de twee bronnen van de Openbaring. Een buitengewone tekst, maar compleet vergeten en toch wellicht het rijkste document. Overigens voor het grootste deel geschreven door mgr. Charrue, de bisschop van Namen.

Vindt u zichzelf terug in de nieuwe liturgie, of is er hier en daar nog iets wat u wilt veranderen?
Wij liepen al voorop voor het concilie. Op het Belgisch College celebreerden wij al met het gezicht naar het volk. Dat hing dus allemaal in de lucht en we vonden het maar normaal dat de concilieteksten bevestigden wat wij al deden. De liturgische beweging in België was trouwens al heel sterk op dat ogenblik. Voor ons was er niets nieuws. En om nu nog dingen te gaan veranderen.... Als de liturgie verzorgd is, met de gepaste muziek en zo, dan is ze heel krachtig.

Maar misschien staat u wat afwijzend tegenover bepaalde nieuwlichters die de oude teksten zomaar vervangen door gelegenheidsteksten?
Er zijn stommiteiten begaan. Vooreerst heeft men de mensen die de liturgie in handen moesten nemen, zoals de liturgische teams, slecht voorbereid. Men heeft ze aan hun lot overgelaten door te zeggen: 'Doe maar wat'. Maar ze hadden geen flauw benul! Op het einde houd je dan nog een absoute over, een mengelmoes. Het was geen gebrek aan goede wil, maar veeleer een gebrek aan visie op het wezen van de liturgie.

Plus ... met de pet rondgaan om succes te hebben... dat gaat enkele weken, maar daarna komt niemand meer. Als de mensen de indruk hebben dat de liturgie van de pastoor is, dan zeggen ze: 'Daarvoor ben ik niet gekomen, hé. Ik ben gekomen voor de liturgie van God, van Christus en van de Kerk'. Al die experimenten van vroeger in Nederland, daar blijft niets meer van over.

Het orgel werd al te vaak vervangen door de gitaar...
Niet alleen dat. Na een tijdje begon men het orgel te minachten en de gitaar heilig te verklaren... En het orgel minachten, dat is barbarij!

Maar dat stadium zijn we nu toch voorbij?
Dat is voorbij. Het probleem is niet meer de liturgie. Het probleem is dat de mensen de weg niet meer vinden naar de liturgie.

Maar dat heeft met de liturgie niets vandoen?
Nee. De mensen beginnen nu wel te voelen dat het serieus moet zijn en niet van de pastoor moet komen. Het moet van verder komen. Het moet gemeend zijn. Het moet geen spel zijn. Je moet er geen theater van maken, want liturgie is geen theater. Niet alles moet van de eerste minuut duidelijk zijn. Er kan mysterie inzitten, een stuk stilte en diepte die je niet meteen vindt en waarvoor je misschien tien jaar naar de kerk moet komen voor het begint door te dringen. De mensen beginnen dat nu stilaan te voelen. Met andere woorden: de mensen beginnen de putten te zoeken waar nog water in zit. Ik denk dat we die hippieperiode achter ons hebben, want dat was het, een hippieperiode.

Op het concilie was een van de grote principes de collegialiteit, het Volk Gods. Vindt u dat men daarin ver genoeg gegaan is, of zijn de verhoudingen nu in evenwicht?
Een evenwicht zal nooit worden gevonden. Want terzelfder tijd zeggen dat de paus paus is en dat de bisschoppen zijn collega's zijn, in collegialiteit *met* en tegelijk *onder* het pauselijk gezag? Er is geen enkele menselijke organisatie die zoiets mogelijk maakt. Het zal dus altijd een paradox zijn één chef te hebben maar *iedereen* verantwoordelijk te laten zijn. En dat geldt voor het hele Christendom. Er is een onmisbare genade, maar er is ook mijn eigen vrije wil om mee te werken. Hoe moet je dat gaan organiseren? De Bijbel is het woord van God, maar het zijn historische schrijvers die het hebben neergeschreven. Het is het woord Gods, maar in 'Rechters' wordt er gemoord dat het een lust is. De Kerk, dat is genade, vrije wil, de paus, de bisschoppen; de Kerk is in de hemel en op de aarde en ze is vooral mysterie. Je zult daarvoor nooit een denkschema vinden dat perfect past. De Kerk kan je geen confectiepak aanmeten, want dat zal nooit passen. Je moet altijd een maatpak bestellen...

Maar het tijdperk van 'Roma locuta, causa finita' is toch voorbij? In tegenstelling met wat sommige critici zeggen?
'Roma locuta, causa finita' is bijna een dogma geworden. Voor sommigen mag dat gewoon niet veranderen! Maar het is voorbij. Wat ik betreur, is dat de bisschoppen zelf zo weinig initiatief nemen. Neem nu de bisschoppensynode. De paus die vooraan zit, moet niet zeggen wat er moet gebeuren. Het zijn de bisschoppen die ideeën moeten aandragen! Maar ze zitten daar maar en zeggen onderdanig: 'Ja, Heilige Vader'. Waarom? Omdat hij de chef is? Of omdat ze in wezen niets te zeggen hebben?

Ze gedragen zich soms als koorknapen, hebt u ooit gezegd...
Zo is het. En koorknapen hebben over het algemeen weinig ideeën. Van tijd tot tijd ontbreekt het de bisschoppen aan moed. Dat verandert wel, maar zeer traag.

Vertrouwt men de Curie niet?
Dat is een andere zaak! De Curie is de paus niet. De Curie is een uitvoerend orgaan, dat zonder het te weten en zonder slechte wil evolueert naar een ambtelijk apparaat: de ambtenarij. Je weet dat ministers niets te zeggen hebben als de ambtenaren niet mee willen. De paus heeft het al herhaalde keren gezegd: de Curie is een uitvoerend orgaan, dat moet uitvoeren wat de paus beslist. Af en toe nemen ze zich zelf voor wetgever. Maar de leiding van de Kerk ligt niet bij de Curie, maar bij de paus. De ambtenarij wil altijd meer zijn dan de minister. En ze is technisch soms ook bekwamer.

Joannes-Paulus II verkoos op reis gaan boven het werk in de Curie. Af en toe heeft hij geprobeerd de hoofden van de Dicasteria (de ministeries van het Vaticaan nvdr) samen te brengen, maar dat heeft geen soelaas gebracht. Onder Paulus VI was het anders. Toen gebeurde er niets in de Curie waarvan de paus niet op de hoogte was. En de huidige paus zegt misschien, ik weet het niet: 'Ach, de administratie gaat voorbij, maar de theologie en de wetenschap blijven...'

Enkele jaren geleden hebt u gepleit voor een soort pauselijke kroonraad, samengesteld uit bisschoppen die elkaar afwisselen.
Ik pleit nog altijd voor een soort pauselijke kroonraad. Een raad zonder juridische bevoegdheid, maar met een groot moreel gezag, als raadgever van de paus. Een raad die niet noodzakelijk samengesteld hoeft te zijn uit grote kardinalen. Dat mogen gewone bisschoppen zijn, als ze maar iets te vertellen hebben. Bisschoppen uit de verschillende continenten die zich twee, drie dagen rond de paus scharen en over alles en nog wat spreken. Eenvoudigweg om de paus te informeren, zonder de geringste pretentie dat wat er gezegd wordt meteen in een encycliek wordt gegoten, of in een ander document. Gewoonweg Petrus die vergadert met de andere apostelen. Zoals er staat in de 'Handelingen van de Apostelen', wanneer er problemen waren rond het al dan niet toepassen van de besnijdenis: 'De apostelen kwamen bijeen en zegden: we zullen het eens bekijken'. Zo staat het in de nieuwe Bijbelvertaling: *bekijken*. Een heel nieuw woord.

Een soort kroonraad, dus?
Precies, of een Raad van Wijzen.

Niet gemediatiseerd, ver van de pers...
Uiteraard! Maar als de paus dat doet, dan zullen de camera's er meteen staan, natuurlijk. En de camera's zullen er vooral staan als de leden van de kroonraad terugkomen in New York, of in Parijs, ...

...of in Mechelen?
Ik zal niet meer in de kroonraad geraken! Vooreerst: hij zal er niet komen, en ten tweede, ik zal eruit vallen.

En als hij er niet komt, waarom niet?
't Is ook niet zo makkelijk te realiseren. Wie ga je kiezen? Ofwel kies je mensen die institutioneel in aanmerking komen. Je kiest aartsbisschoppen, bijvoorbeeld die van New York, die van Bombay, die van Brussel of van Parijs, die van Sydney. Kortom, gevestigde waarden, maar het is helemaal niet zeker dat dat de besten zijn. Je kunt anderen kiezen, een bisschop uit Niger, die de problemen van de Afrikaanse kerken kent; of een bisschop uit Japan. En dan ga je horen: 'Waarom kiest hij die eigenlijk?' De paus moet dus bijna een persoonlijke appreciatie bekendmaken ten opzichte van die mensen....

Het is niet zo dat de Curie a priori tegen een kroonraad is?
Ik weet dat niet, maar ik denk toch dat ze er geen voorstander van zal zijn.

Ze zou een stuk van haar macht verliezen...
Ze zal zeggen: WIJ zouden die kroonraad beter zijn. En soms ziet de Curie ook meer, omdat ze over veel informatiekanalen beschikt van over de hele wereld. Maar om de paus ideeën te geven, zou je een Kroonraad moeten hebben. Niet om het beleid uit te stippelen. Eigenlijk is dat ook de functie van de kardinalen. Dat is wat ik altijd gedacht heb. Een raad waarin mensen zetelen als H. de Lubac, Y. Congar, H. Urs von Balthazar, of de aartsbisschop van Parijs en bepaalde theologen, alhoewel dat geen noodzaak is, maar mensen die iets *zien*.

Het staat de paus toch vrij om iedereen te raadplegen die hij wil?
Hij doet dat ook. Maar dat is dan in een persoonlijk gesprek, waarin je veel kunt zeggen.

Nog in verband met het Concilie: dat heeft ook een aantal belangrijke verklaringen afgelegd. Ik denk hierbij natuurlijk aan 'Nostra Aetate'. Meent u ook dat dit het meest gemediatiseerde document is, waarover nu nog wordt gesproken en dat nog altijd zijn vruchten afwerpt?
'Nostra Aetate' is een belangrijk document, maar niet van de grootte van de vier belangrijkste constituties.

'Nostra Aetate' heeft toch de bladzijde omgedraaid heeft, in 't bijzonder met betrekking tot de joden...
Zeker. Maar het decreet over het oecumenisme ook, en dat over de interreligieuze dialoog, dat na het concilie verschenen is. De zwakste documenten zijn volgens mij die over de sociale communicatie, over het onderwijs en over de priesters. Die hebben bijna geen invloed gehad.

En waarom?
Omdat de theologie in die domeinen nog niet zover gevorderd was. Men heeft die documenten geschreven omdat men vond dat er iets gezegd moest worden over het onderwijs en over de priesters. Ik geloof dat de documenten van de bisschoppensynode die daarover later verschenen zijn, onder meer de apostolische exhortatie over de priesters, beter zijn dan de conciliedocumenten. Die waren veel rijper. Uiteraard was de problematiek met betrekking tot het priesterschap toen al aanzienlijk veranderd in vergelijking met de tijd van het concilie.

Er zijn er die zeggen dat 'Nostra Aetate' een punt gezet heeft achter het principe dat de katholieke Kerk de enige heilbrengster is.
Tja. In het concilie staat er dat alle heil dat aan de mensen komt, komt door de Christus. Maar dat Hij dat kan brengen langs wegen die wij niet kennen en die niet noodzakelijk samenvallen met de materiële grenzen van de katholieke Kerk. Ik denk dat dit juist is. Al moeten we ons niet de illusie maken dat in een pure animistische godsdienst in Afrika de zuiverheid van het godsbesef al aanwezig is zoals bij ons. Dat denk ik niet. Heel het probleem is de interpretatie van die fameuze uitdrukking, dat het ware geloof *subsistit* in, *bestaat in* de katholieke kerk. Er staat niet dat het geloof 'berust bij' of dat het 'voortleeft in'. Men heeft daar een term gebruikt die nergens anders bestaat en die nogal origineel is om de aanwezigheid van het geloof in de Kerk uit te drukken. Maar als je het Christendom vergelijkt met de andere godsdiensten, dan moet je toch zeggen dat er een perfectie inzit, ook moreel en qua godsbeeld, die je nergens anders vindt. Daarvan ben ik overtuigd.

Is het Christendom de religie met de best onderbouwde theologie?
Ik denk het, want het is de enige religie die altijd gezegd heeft dat de rede, het verstand van de mens, haar volle waarde behoudt en niet moet wijken voor het geloof. Ik ben daar trots op. Het werken met je verstand heeft zijn plaats in de katholieke kerk. Dat begint al vanaf de Oudheid, maar ook bij Thomas van Aquino en in de hele middeleeuwen. Als je de fijnheid van de moraal in de Bergrede bekijkt, over de armen van geest, uw vijanden beminnen, enz. en je plaatst dat in een andere cultuur, bijvoorbeeld in China, dan merk je hoe hard die cultuur kan zijn. Dan zeg je toch: 'Er waait hier een andere geest'. Er zijn nu nogal

wat intellectuelen in China die zich bekeren tot de katholieke Kerk. Mensen die aanvoelen dat de Chinese cultuur weliswaar verfijnd is, maar tegelijk heel hard.

Op het vlak van intermenselijke relaties ...

Je voelt onmiddellijk: dit is een andere beschaving, waar het geweld ingecalculeerd is. Terwijl er in het Christendom ook gewelddaden gebeurd zijn, maar men heeft nooit kunnen zeggen dat die op Jezus teruggingen.

U lijkt gefascineerd door Azië. Ligt de toekomst van de Kerk veeleer daar, ook al wordt Latijns Amerika het katholieke continent van nu en de toekomst genoemd?

De numerieke toekomst, in aantallen katholieken, dat weet ik niet. Die ligt denk ik in Latijns-Amerika of Afrika. Maar als het Christendom erin slaagt om door te dringen tot de Aziatische cultuur, dan zou dat de mooiste overwinning zijn die men kan dromen. Weet je, in Afrika is het niet zo moeilijk om te evangeliseren. Afrika, dat is lava die nog niet gestold is. Je gooit daar het Christendom op en dat mengt en vermengt zich, bijna vanzelf, zonder grote inspanningen.

Azië daarentegen, met zijn culturen van meer dan 5.000 jaar oud, dat is gestolde lava. Het Christendom heeft er veel meer tijd nodig om in de bodem te dringen. Vergeet niet dat de Chinese cultuur veel ouder is dan Abraham! Die cultuur is af. Die heeft een zekere graad van rijpheid en vastigheid bereikt. In de encycliek van Joannes-Paulus II 'Redemptoris Missio' staan er twee of drie bladzijden over het Christendom in Azië. In voorgaande documenten ging het altijd over het Christendom en de inculturatie ervan in Afrika of Latijns-Amerika. Maar het is in Azië dat de teerlingen geworpen worden! Omdat Azië een geraffineerde cultuur heeft.

De uitdaging is des te groter, omdat die landen nu economisch aan het groeien zijn...

Ik heb een enorme bewondering voor priester Theofiel Verbist uit de 19de eeuw, die de scheutistenorde gesticht heeft, maar vooral voor de jezuïet Ferdinand Verbiest uit de 16de eeuw, die naar China getrokken is als astronoom, daar de wetenschap geactiveerd heeft, een Chinees woordenboek heeft gemaakt en het Christendom heeft geïntroduceerd aan het keizerlijk hof. Dat was echt katholiek! De rede en de wetenschap eerbiedigen en tegelijk Christus prediken. De keizer heeft dat aangevoeld en hij heeft Verbiest mandarijn gemaakt, een van de groten van het keizerrijk.

"HET WERKEN MET JE VERSTAND HEEFT ZIJN PLAATS IN DE KATHOLIEKE KERK."

Hebt u nog andere voorbeelden van dergelijke 'mannen van God'?
Er zijn enkele jezuïeten die merkwaardig werk verricht hebben op het terrein van de inculturatie. Ik denk aan pater Arrupe, de oud-generaal van de orde, die in Japan geweest was. Zijn opvolger Kolvenbach is ook een Aziëkenner. Dat waren mannen die iets in de vingers hadden. Wat zij gedaan hebben is zeer mooi. Trouwens, de huidige generaal van de jezuïetenorde is ook een kenner van het Verre Oosten.

En iemand als pater Damiaan?
Damiaan is van een bijzondere orde. Die was een en al edelmoedigheid en heldenmoed. Hij heeft iets heroïsch en dat onderscheidt hem van andere missionarissen. En hij is een typische katholiek. Dat wil zeggen: hij predikte rede en geloof. De twee, niet een van beide. Niet de zuivere rede, zonder het geloof, en niet het geloof zonder de rede. Die mix is typisch katholiek.

Damiaan bezat veel meer een boerengeloof?
Ja, en dat merk je. Als je de verering voor Damiaan vergelijkt met die voor broeder Mutien-Marie, of voor broeder Isidoor in Kortrijk, of voor het Heilig Paterke in Hasselt, dan zie je drie heiligen tot wie men bidt. Damiaan is nog te veel een heilige die men bewondert. Sinds hij heilig verklaard werd, komen er wel meer mensen naar zijn graf om te bidden, maar er is nog steeds geen massale toeloop.

U moet wel toegeven dat de Kerk er lang over gedaan heeft om zijn deugden te erkennen?
Niet zozeer zijn deugden. Het is het mirakel dat zolang op zich heeft laten wachten. Maar wat wil je? De mensen die hem als een held zien, hebben natuurlijk nooit om een mirakel gevraagd en als je niks vraagt, kun je niks krijgen.

Maar nu gaat het een stuk sneller...
Het gaat nu sneller, ja.

Laten we het eens hebben over Leuven. U zult zeggen dat u in Brugge was op het moment van de moeilijkheden, maar u moet toch echo's hebben opgevangen. Vanaf 1960 wordt de toestand gespannen in Leuven. In dat jaar horen we in de eerbiedwaardige universiteitsstad voor het eerst 'Walen buiten!' roepen. Hebt u vanuit Rome en Brugge de crisis zien aankomen?
Toendertijd en zelfs nog in '68 was ik zo benomen door mijn werk, dat toch omvangrijk was, dat ik die crisis emotioneel niet beleefd heb. Met mijn verstand heb ik ze wel gevolgd, maar niet emotioneel. Het is pas achteraf dat ik mij er rekenschap van gegeven heb. Vanaf mijn 17 - 18 jaar ben ik opgevoed in een tweetalig, zelfs drie- en viertalig milieu. Nooit heb ik begrepen waarom iemand weigert Frans, Nederlands of Italiaans te spreken. Ik was zelf zo gelukkig als een kind dat ik deel kon hebben aan die culturen en dat is nog altijd zo. Veeltaligheid is lastig, want ik moet om de tien minuten van taal veranderen, maar dat went wel. En het is enorm verrijkend.

Is die houding niet te danken aan het feit dat de faculteit theologie een beetje boven de taalstrijd stond?
Dat was zeker het geval. We stonden daar verder af. Achteraf gezien zou het materieel onmogelijk geweest zijn om 50.000 studenten te huisvesten in een stad als Leuven. Ze zouden de stad uit haar voegen doen barsten. Maar de wijze waarop de splitsing voltrokken is, vind ik wel jammer. Mgr. Massaux – een man met temperament! – was er altijd tegen dat de bibliotheek werd verdeeld volgens de pare en onpare nummers en dat daardoor alle collecties vernietigd werden. Zoiets is natuurlijk onaanvaardbaar.

Maar hij vergat er wel bij te vertellen dat alle werken eerst op microfilm waren gezet! Zijn uitspraak was dus wel provocerend...
Natuurlijk was het een provocatie. Maar een bibliotheek moet toch over boeken beschikken! Een microfilm is geen boek! Nu, dat is maar een detail. Het meest emotionele moment van de crisis heb ik maar van ver meegemaakt. Ik ben ook niet erg provincialistisch ingesteld, en zeker niet alleen Vlaams-Frans. Telkens als ik weer eens in Italië ben, ben ik blij dat ik er ben en dat ik Italiaans hoor spreken. Als ik in Echternach ben, hoor ik met veel plezier Luxemburgs spreken. Ook al snap ik er niets van, het is toch een verrijking. Hetzelfde voor het Engels. Groot-Brittannië is een heel andere wereld, maar interessant.

Een openheid van geest die u van uw ouders hebt meegekregen...
En ook een kwestie van nieuwsgierigheid. Dat heb ik van mijn vader: nieuwsgierig zijn en willen weten. Een onstilbare weethonger. En ik ben nog altijd zo. Ik was dus van ver betrokken bij de Leuvense kwestie.

"IK HEB NOOIT BEGREPEN, DAT JE IN EEN OF ANDER LANDSDEEL WOONT EN WEIGERT DE TAAL VAN HET ANDERE LANDSDEEL TE SPREKEN"

Ik ben ook meer gericht op ideeën dan op politieke en praktische beslommeringen. Een van de mooiste momenten in mijn leven was op 2 februari 2000, toen de proffen van Louvain-la-Neuve naar de Sint-Pieterskerk in Leuven kwamen, om er samen met hun Vlaamse collega's een mis bij te wonen naar aanleiding van de 575ste verjaardag van de universiteit. Ik was erbij en ik was echt ontroerd. Vandaag zijn de relaties tussen de twee universiteiten volkomen normaal.

De taalgrens is een zaak van het volk en de cultuur, die juridisch vorm krijgt door de politiek. Men kan betreuren dat er een taalgrens getrokken wordt, maar je moet dat aanvaarden. En ik heb nooit begrepen, dat je in een of ander landsdeel woont en weigert de taal van het andere landsdeel te spreken. Als je die taal kent, tenminste.

De afschaffing van de Franse missen aan de kust...
Dat was vaak pijnlijk.

Kardinaal Danneels tijdens de reis naar China in 2008.
Met o.a. scheutist Jeroom Heyndrickx (uiterst links).

Bron: Ferdinand Verbiest Stichting, Leuven

Pijnlijk omdat sommigen daardoor intolerant waren?
Vooral pijnlijk omdat men van die Franse missen een instrument maakte dat verder ging dan religie. Men bedreef er politiek mee en dat is niet goed. Af en toe maakte men van die missen een soort bruggenhoofd dat er eeuwig zou liggen; dat had niets meer met religie te maken, maar alles met cultuur en op het einde zelfs met politiek.

Was de splitsing van Leuven onvermijdelijk na het vastleggen van de taalgrens?
Ik denk het. Eens de politiek dat beslist had, moest het ervan komen.

Werd u toen benaderd, bijvoorbeeld door flamingantische groepen?
In '68 was ik een eenvoudig professor in Brugge. Pas in '69 ben ik prof geworden in Leuven en toen was alles al achter de rug.

U hebt in elk geval niet het profiel van een kleine Vlaamse kapelaan…
Da's waar. Die 'kleine onderpastoorkes' hadden zeker hun verdiensten, ze waren zeer edelmoedig, maar…ik weet het zo niet…ik ben daarvoor niet in de wieg gelegd. Het mist allemaal wat diepgang. Ze hebben een rol gespeeld op het ogenblik van de culturele ontvoogding in de parochies en dat respecteer en bewonder ik. Maar dan spreken we over het opkrikken van de levensstandaard en van de cultuur. Als de Vlamingen staan waar ze nu staan, is dat voor een groot stuk te danken aan die 'kleine onderpastoorkes'.

En aan de fondsen, zoals het Davidsfonds bijvoorbeeld.
Zeker. Dat moeten we erkennen. Maar je kan daar niet eeuwig blijven op teren… Het klein Vlaams onderpastoorke bestaat vandaag niet meer en dat is maar goed ook.

U volgde het dus allemaal van heel ver: de francofone cel, de Vereniging van Vlaamse Professoren, het was een ver-van-uw-bed-show?
Ja, en om verschillende redenen. Eerst en vooral omdat ik tot over mijn oren in het werk zat, dag en nacht bijna. En ook vanwege mijn temperament, dat nauwelijks ontvlambaar is voor dat soort zaken.

Hoe staat u tegenover dat fameuze Mandement van de bisschoppen, waarin gezegd werd: 'We gaan wel akkoord met een ontdubbeling van de universiteit, maar het hoofdkwartier blijft in Leuven tweetalig Frans-Nederlands?'
Ik weet echt niet wat ik daarover moet zeggen.

Zou het nu nog kunnen?
Nee. De bisschoppen zouden het ook niet meer doen. Dat was, denk ik, een laatste...

...stuiptrekking?
Ja, achteraf gezien. Maar het ging vooral om het principe 'het moet één universiteit blijven'. Maar om daarvan het grondprincipe te maken? Het grondprincipe van een universiteit moet zijn: goede wetenschap, goed onderzoek en eigenlijk moet ze toch ook wat cultuurgebonden zijn met de mensen die daar wonen, met het hinterland.

Dergelijke bisschoppelijke oekazes waren er in het verleden nog. Ik denk aan mgr. De Smedt die verbood om te stemmen voor de Volksunie. Dat kan ook niet meer?
Nee. De inzet was toen wel heel groot. Als de katholieken toen de verkiezingen verloren, was de katholieke school verdwenen. Dus kan ik begrijpen wat hij deed. Maar hij had niet mogen zeggen dat het een doodzonde was (niet te stemmen voor de CVP, nvdr). Hij had mogen zeggen: 'Stem voor de katholieke partij, want het gaat om de katholieke school. Het gaat niet om die partij, maar over onze scholen. En de enige wijze waarop we die kunnen redden is door te stemmen voor de CVP'. Maar dan erbij voegen dat het een doodzonde was om dat niet te doen? Hij heeft het woord 'doodzonde' trouwens nooit gebruikt. Hij sprak van een zware zonde. Maar dat mag je niet zeggen, zelfs als het waar zou zijn.

Op het ogenblik van het Mandement is er die kleine antiklerikale crisis in Vlaanderen. Hebt u die in Brugge ook meegemaakt?
Zelfs bij de priesters. Maar ik heb dat niet bewust beleefd; ik vond trouwens dat het geen diepe crisis was.

Maar in de katholieke scholen in Vlaanderen hebben sommige leraars de scholieren toch opgehitst?
Alle Mechelse scholen zijn hier voor de deur komen betogen tegen kardinaal Suenens. De kardinaal heeft me altijd verteld dat het een van de pijnlijkste dagen van zijn leven was, toen zijn eigen scholen in zijn eigen stad tegen hem kwamen manifesteren! Hier voor de deur! Het plein hier heeft al vanalles meegemaakt. Ik vind dat het een andere naam zou moeten krijgen, Wapenplein, of iets dergelijks, in plaats van Wollemarkt. Alhoewel, Wollemarkt klinkt toch een stuk zachter...

Toen hij de avond van die bewogen dag in zijn zetel zat, vroeg zijn huisknecht Petrus: 'Monseigneur, wat wilt u drinken? Een trappist?' ' Ja,' zei de kardinaal. 'Welk merk?,' vroeg Petrus. 'Geef er mij maar twee,' zei Suenens, 'een Orval en een Westmalle'. Het schijnt echt gebeurd te zijn!

Een veel diepere crisis was die naar aanleiding van 'Humanae Vitae'. Dat was pas een twistappel tussen de kerkelijke hiërarchie en het volk. Veel dieper en nog niet voorbij, trouwens.

Intussen heeft de Leuvense universiteit als katholieke universiteit andere katten te geselen op het bio-ethische vlak. Ze heeft toch nog altijd een zwaar dispuut met de Curie. Is het vrije onderzoek combineerbaar met de katholiciteit van de instelling?
Het vrije onderzoek, dat geen enkel principe moet volgen, is niet combineerbaar met een katholieke universiteit. De vraag is of men onderzoek doet zonder enig principe. Er zijn twee dingen die moeten gebeuren: men moet blijven dialogeren met Rome, ook op het technische niveau. Dus niet alleen institutioneel-hiërarchisch, gezag tegen gezag. Door de paus tegen de rector op te zetten, kom je niet vooruit. Dat heeft geen enkele zin.

Dit is een zwaar probleem en niet alleen voor Leuven. Voor de hele Kerk is het een zwaar probleem. En als Leuven iets tot de oplossing kan bijdragen, qua nadenken en ook qua techniciteit, dan kan dat heel nuttig zijn voor de hele Kerk. Dus de dialoog moet blijven doorgaan en die zal blijven doorgaan, want aan beide zijden was men zeer gelukkig na de eerste dialoog. En over een jaar is er hier in Leuven een groot congres van alle katholieke universiteiten over de hele wereld. Ze komen ook van Rome daar naartoe. Ik denk dat daar nog iets zal gebeuren op dat gebied. Misschien een charter opstellen over wat wij als katholieke universiteiten in de wereld willen doen.

Tweede zaak is, dat het mogelijk is dat het dispuut zich over enkele jaren helemaal niet meer stelt. Dat je niet meer verplicht zult zijn proeven te doen op embryo's, omdat je met proeven op volwassen stamcellen evenveel zult kunnen bereiken. Dan is er op dat vlak alvast geen probleem meer. Ik kan je niet verzekeren, dat er geen andere wetenschappelijke problemen zullen opduiken, daar ben ik bijna zeker van.

Er is ook nog in vitro fertilisatie, wat in principe nog altijd verboden is...
Dat zal een twistappel blijven tussen de universiteiten en de Kerk. Vraag is ook natuurlijk, of je de hele universiteit haar katholieke identiteit kunt ontnemen omdat één faculteit volgens de katholieke leer in de fout gaat?

"HET VRIJE ONDERZOEK, DAT GEEN ENKEL PRINCIPE MOET VOLGEN, IS NIET COMBINEERBAAR MET EEN KATHOLIEKE UNIVERSITEIT"

Er zijn precedenten: in Nederland hebben katholieke faculteiten hun predikaat verloren...
Ik zou dat jammer vinden. Omdat ik vind dat katholiek niet staat voor typisch Rooms. Katholiek staat voor: getrouw aan wat het christendom is, en zoeken binnen het christendom naar de intelligibiliteit van de mens en van het geloof.

Als grootkanselier van de universiteit zit u tussen hamer en aambeeld...
Het is moeilijk om voortdurend bruggen te moeten slaan. Maar dat is tenslotte het werk van een bisschop: bruggen te slaan. Een pontifex te zijn.

Hebt u over dat probleem al persoonlijk gepraat met deze paus?
Ja, ja.

Als rasintellectueel moet hij daar toch wel oren naar hebben?
Hij ziet de complexiteit van dat probleem. Hij is veel te intelligent om dat niet te zien. Zoals de Bijbel in de 16de eeuw, staan nu de wetenschap en de research tegenover de katholieke moraal. Anderzijds vind ik ook dat de Kerk gelijk heeft bepaalde zaken strak te houden. Dat is een kwestie van respect tegenover de mens, hoe klein hij ook is. Want als dat hek van de dam is, zitten we in een Orwell-cultuur, waarin iedereen alles kan doen. Ik vind dat de Kerk moet zeggen: 'Dit kan eigenlijk niet'.

De Kerk moet de lat hoog leggen, ook al kunnen de mensen er nooit over?
Dat heeft ze ook altijd gedaan, de lat hoog leggen. Vroeger zei men: 'Streng op de preekstoel en goed in de biechtstoel'. 't Is een populair gezegde, maar er is iets van waar. Voor elke zonde een penitentie, maar men moet niet zeggen dat er geen zonde is! Het is een moeilijke toestand voor de Kerk en hij zal nog moeilijker worden! Bij de pauskeuze dacht ik dat ook, toen ik kardinaal Ratzinger zag: 'Wie de komende tien jaar paus moet zijn en de doctrine, de orthodoxie en de moraal moet handhaven, krijgt een onmogelijke job!' Het vraagt een enorm scherpe intelligentie en inschattingsvermogen, handigheid en veel goedheid. Het is altijd dezelfde paradox: de wet en de barmhartigheid. Hou die twee eens samen! Het is nog erger dan het Heilig Officie en de universiteit van

Leuven. Tussen die twee zit het al niet zo gemakkelijk, maar tussen wet en barmhartigheid zitten wij de hele tijd.

Om de kwestie-Leuven af te sluiten: op 2 februari 1968 voor de Boerinnenbond in Kortrijk, erkent mgr. De Smedt dat hij zich vergist had... Heeft hij daarover met u gesproken of had hij dat in de stilte van zijn huiskapel uitgebroed?
Ik weet niet hoe hij erop gekomen is, maar ik denk dat hij de weerstand van de christenen tegen de hiërarchie zodanig aanvoelde, dat hij gezegd heeft: 'Dit mag niet blijven duren. Ergens hebben we ons misschien vergist'. Door dat toe te geven heeft hij natuurlijk de hele santekraam in gang gezet! Maar dat was typisch mgr. De Smedt, hé! Plotseling drukte hij iets door. Een beetje zoals de burgemeester van Lourdes toen de paus kwam. 'Hoe gaat u dat aanpakken, burgemeester?', werd hem gevraagd. 'Wel,' zei hij, 'dat is net als een overstroming. Je laat het water komen en dan ruim je de boel op'. Mgr. De Smedt deed dat ook. Hij liet het komen. Hij zei: 'We hebben ons verschrikkelijk vergist'.

Was hij dan geen flamingant? Want aan Franstalige kant was hij wel de boeman.
Nee, zo was hij niet. Zeker geen boeman. De Smedt was De Smedt, hé. Kort na zijn uitspraak stond er een karikatuur in 'Pan', van een pastoor op de preekstoel die zei: 'Beminde parochianen, ik heb u vorige week verteld dat de zonde des vlezes een smaak van as geeft in de mond. Awel, ik heb mij verschrikkelijk vergist!'

Bisschopswijding mgr. Danneels (met mgr. De Smedt, bisschop van Brugge). Antwerpen, Sint-Jacobskerk, 18/12/1977.

Bron: Aartsbisschoppelijk Archief, Mechelen

Kende u in Leuven zwaargewichten als: Descamps, Van Waeyenbergh, enz?
Dat was de generatie voor mij. Ook Thils, Philips, Coppens behoorden daartoe. Ik kende hen natuurlijk wel, maar ik had er geen nauw contact mee.

De jaren zestig werden ook gekenmerkt door een protest tegen het gezag in het algemeen. Met als hoogtepunt die fameuze meimaand in '68. Was dat protest ook merkbaar op het seminarie in Brugge?
Neen. De '68 beweging helemaal niet. Wel merkte je later onder de seminaristen toch een zekere emancipatiedrang. Het niet meer blindelings gehoorzamen, de inspraak, dat werd allemaal wakker.

De seminaristen lieten niet plotseling hun haar groeien?
Eigenlijk niet. Dat was geen probleem.

Misschien waren de seminaristen in Brugge wat braver...
Mogelijk. Ik denk dat het meer hier in Mechelen leefde dan in Brugge.

Die subcultuur van de jaren '60 wordt gekenmerkt door een totaal nieuw genre muziek: de protestsongs. Kent u die protestzangers?
Nee. Misschien enkele ...

Bob Dylan, Boudewijn de Groot bij ons...
Bob Dylan kende ik, maar ik was er geen fan van.

Ook niet van de Beatles?
Jawel! Ik heb alle opnames van de Beatles in mijn discotheek. Omdat ik dat goede muziek vind. Ik heb ze allemaal.

En hebt u dat achteraf vastgesteld, of op het moment zelf?
Achteraf. 's Avonds durf ik nog wel eens een plaat opleggen van de Beatles. 'Hey Jude' en 'The Yellow Submarine' en zo. Mooie dingen. De drie B's, hé: Bach, Beethoven en Beatles.

Niet Joan Baez? Die is ook van die periode...
Toch wel. Die hoorde ik ook graag. Maar ja, ik had geen tijd om mij daarmee bezig te houden...

Een bloedige episode in de geschiedenis van België was de onafhankelijkheid van Congo op 30 juni 1960. Veel Belgische missionarissen werden vermoord, zusters verkracht. Hoe hebt u dat beleefd?
Dat heb ik wel intens beleefd, omdat ik veel missionarissen heb zien terugkomen. En zusters die... Dat heeft op mij een heel diepe indruk gemaakt. Koning Boudewijn van wie ze de degen afnamen, Lumumba die vermoord werd. Toen is mijn politieke bewustzijn een beetje ontwaakt.

Ervaarde u dat als een gebrek aan dankbaarheid tegenover de blanken?
Zo zou je het kunnen karakteriseren. Een gebrek aan dankbaarheid, maar ook een eeuw beschaving die wij daar gebracht hadden, mondde in enkele dagen tijd uit in de barbarij. Hoe dun is dat laagje vernis dat wij hebben gelegd! En zijn we wel op de goede wijze bezig geweest met het christendom daar te brengen? Dat heb ik ook -en nog veel dieper- gevoeld naar aanleiding van de genocide in Rwanda. Een jaar of twee ervoor was ik daar twee keer geweest om een retraite te preken voor de bisschoppen. Ik kon niet geloven dat de mensen die ik toen gezien had, die de zachtheid en de vriendelijkheid zelve waren, elkaar konden afmaken op een dergelijke manier. Toen heb ik ook gedacht: 'Jongens, we hebben daar 200 jaar of langer geëvangeliseerd, de Witte Paters hebben daar zware eisen gesteld (je kon niet gedoopt worden zonder dat je een lang catechumenaat doorgemaakt had) en plotseling, in acht dagen tijd, vermoorden ze een miljoen mensen. Ik kon daar niet bij en ik kan er nog niet bij.

Knoopt u daar conclusies aan vast met betrekking tot de catechese?
De catechese van de Witte Paters was zeker van de beste die er bestond op de wereld. Daar ben ik van overtuigd. Dat wil zeggen dat de mens langzaam, langzaam, langzaam beschaafd raakt.

Maar ook Auschwitz is gebeurd in een door en door christelijk Europa...
Het is mij ook nooit duidelijk geworden hoe dat kon...

Is dat telkens een periode van regressie in de beschaving?
Het is zeker regressie. Het wil zeggen dat het humaniseren van de mens, want ik beschouw het religieus worden en het bekeren ook als een stuk humanisering, toch vele duizenden jaren nodig heeft.

Kan de Afrikaanse kerk overleven zonder steun van het westen, zowel logistiek als spiritueel?
Op dit moment niet. Maar ze zal het ooit moeten doen. Het hangt allemaal samen: de politiek, de economie...

Bent u vaak in Congo geweest?
De laatste keer tien jaar geleden. Maar we gaan terug, want men doet ons terecht opmerken dat we naar China reizen, waar amper 5 bisschoppen zijn, terwijl ze in Congo met veel meer zijn. En ik meen ook dat we er naartoe moeten om de Congolese kerk te steunen.

Hebt u nog contact gehad met de Rwandese kerk na de genocide?
Ja, maar zuiver kerkelijk. Er passeren hier nogal wat bisschoppen. Die volkenmoord in Rwanda blijft toch een diepe wonde...

Op 3 juni 1963 sterft paus Joannes XXIII. Hij wordt opgevolgd door Paulus VI, een totaal andere man en de paus die u bisschop benoemd heeft. Hoe typeert u die paus? Mij kwam hij altijd over als een wat bange man.
Tja, hoe moet je die typeren? Ik heb hem niet zo goed gekend, want hij is gestorven toen ik nog maar pas bisschop was. Ik heb hem nooit van dichtbij gezien. Een heel hoogstaand intellectueel met een enorm verantwoordelijkheidsbesef. De paus die erin geslaagd is het enthousiasme voor het concilie van Joannes XXIII, een soort big bang in de Kerk, te kanaliseren tot bruikbare energie. Ik noem hem de turbine, die het geweld van het water in het stuwmeer omzet in elektriciteit waarmee je iets kunt doen. Een heel literair begaafd man; hij heeft het mooiste Italiaans geschreven van de eeuw, zegt men. Heel francofiel. Als je kijkt naar wat hij citeert, dat zijn voor een groot deel Franse auteurs en vooral literaire. Men heeft altijd beweerd dat hij Jean Guitton (lid van de Académie Française, en een goede vriend van Paulus VI, nvdr) kardinaal zou maken. Een van de beste boeken over Paulus VI is 'Dialogen met Paulus VI' van Jean Guitton. Ik heb grote bewondering voor Paulus VI, maar hij was zeer timide en aarzelend. Ik heb er bewondering voor, omdat het een typische man is van de 20ste eeuw. Met de scepsis en de twijfel, en de mutaties in de Kerk en de wereld, met een grote artistieke begaafdheid. Een archetypische 20ste-eeuwer. Hij heeft er alle kwaliteiten van, maar ook alle ziektes.

Hij had een beetje pech tussen Joannes XXIII en Joannes-Paulus II te vallen...
De man verdiende beter, want hij beschikte over kwaliteiten en gaven die ronduit opmerkelijk waren. Het is zoals geschreven staat op het graf van Adrianus VI, de enige Hollandse paus: 'Wat van groot belang is voor een

groot man, is dat hij geboren is in het juiste tijdperk'. Je moet inderdaad op het juiste moment geboren zijn.

Op 16 november 1977 benoemt paus Paulus VI u tot bisschop van Antwerpen. Van academicus wordt u plotseling manager. Hoe viel dat mee?
Dat viel niet mee. Dat wordt je gevraagd. Maar nu nog vind ik dat mijn bestaan als professor aan het seminarie, waar ik kon lezen, studeren, naar de bibliotheek gaan, mijn agenda zelf plannen, een uur of vier per week lesgeven, dat dat eigenlijk het ideale leven was. Voor mij was dat Utopia. En zeker vanaf 1969 toen ik docent werd in Leuven en daar in contact kwam met studenten. Eigenlijk had ik ervan gedroomd mijn hele leven professor te blijven. En ik zou dat nog graag zijn, dat is niet weggegaan, omdat ik vind dat dat voor mij het ideale leven is.

Maar van de ene dag op de andere krijg je een totaal ander leven. Je kunt niet veel meer lezen. Je leest dossiers, massa's bladzijden, maar nooit iets wat je echt verrijkt. Meestal zijn het dossiers over problemen die je moet oplossen, die je veeleer verarmen dan verrijken. Je kunt ook niet meer zelf over je dagorde beschikken, die wordt gepland door je secretaris. Gelukkig, want anders was het een chaos. Het is een zeer 'relationeel' bestaan, terwijl een professorenbestaan een vrij beschermd, gesloten bestaan is, waar je heel veel vrije tijd voor jezelf hebt. Er komt ook een

Kardinaal Danneels tijdens zijn bezoek aan Sudan, 1994.
Bron: Aartsbisschoppelijk Archief, Mechelen

stuk management bij kijken, maar niet zo veel als men denkt. In de grond manage ik niet veel. Ik heb goede medewerkers voor financiën, benoemingen, die dat in mijn plaats doen.

Je wordt ook een publieke figuur. Dat wil zeggen dat je de bescherming verliest van het leven in een reservaat met gelijkgezinden. Zeker nu, toch de laatste 20 jaar, nu de media enorm indringend zijn. Je leidt een publiek bestaan. Je leeft in een glazen huis waar iedereen ziet wat je doet en wat je zegt. Dat wordt allemaal in het oog gehouden.

Hindert u dat?
Nee, ik ben dat nu gewoon, maar het is niet makkelijk. Het is niet makkelijk, in deze tijd en in dit land... De Kerk in het midden houden was vroeger gemakkelijk: ze stond daar, hé! Maar nu, ja, nu staat ze op wieltjes! Ze kunnen ze 'verschuiven'.

Wie bisschop wordt, ontvangt de 'volheid van het priesterschap'. Ik heb dat eigenlijk nooit begrepen. Het klinkt zowat denigrerend t.o.v. de 'gewone' priester. Wat is dat eigenlijk 'de volheid van het priesterschap'?
Het typische priesterschap is het bisschopsambt. Het priesterambt is een uitvloeisel van het bisschopsambt. Dat zegt Vaticaan II. Maar er is altijd een theorie geweest dat de echte wijding de priesterwijding was, alleen kon je niet alles uitoefenen wat tot het priesterambt behoorde. Zoals een vogel die gekortwiekt is en niet kan vliegen. Alles wat betreft wijdingen toedienen, vormsel, enz. kon een priester niet uitoefenen. In Vaticaan II heeft men gesteld: de bisschop is de type-priester en de priester is de helper van de bisschop, die een deel van zijn bevoegdheden uitoefent. Maar in de praktijk verschillen die twee opvattingen niet zoveel.

Dat u naar Antwerpen gestuurd werd, kwam dat als een verrassing?
Er was maar één plaats open om bisschop te worden. Maar ik had helemaal niet verwacht naar Antwerpen te gaan.

Had u banden met Antwerpen?
Nee, niks. Ik kende hooguit tien mensen in Antwerpen. Ik reed voor de eerste keer met de auto naar Antwerpen langs de oude weg over Gent. Ik kwam op Linkeroever en ik zag de Onze-Lieve-Vrouwetoren daar staan en links het industriegebied met de fakkels van de raffinaderijen. En ik dacht bij mezelf: 'Moet ik daar naartoe?' En dan schoot er mij een tekst van Paulus te binnen, uit de Handelingen, toen hij voor Korinthe stond. Paulus vroeg zich ook af: 'Wat moet ik hier doen?' En 's nachts kreeg hij een visioen, waarin God hem zei: 'Wees niet bang, want in deze stad behoren vele mensen Mij toe'. En toen ik daar voor Antwerpen stond, hoorde ik dat. Geen visioen, maar de tekst uit de Handelingen van de Apostelen die ik kende.

En u sprak ook geen Aantwaarps?
Geen woord, en nog niet trouwens.

Uw bisschopsspreuk luidt 'Verschenen is de menslievendheid van onze God'. KerkNet omschrijft dat als een 'pleidooi voor een authentiek christelijk humanisme'. Bent u het daarmee eens?
Het is eigenlijk een kerstspreuk. Het is een uittreksel uit een brief van Titus die gelezen wordt in de dageraadsmis van kerstdag, de 'herdertjesmis'. Daar staat 'de menslievendheid van God -philantropia, is de Griekse term- is op aarde verschenen'. Ik ben altijd een kerstmens geweest; alles wat in mijn leven gebeurd is, is in december gebeurd. Die spreuk betekent twee dingen. Ik ben een man van de incarnatie, d.w.z. dat voor mij het kerstfeest emotioneel veel sterker is dan Pasen. De menselijkheid van Jezus komt dan het meest tot uiting. Daar ligt een kind en je weet wat een kind is, wat een vader en moeder zijn, wat een wieg is. Ik heb veel meer moeite, visueel en emotioneel, om Jezus die uit het graf opstaat, met het vaantje in de hand, om daarin iets emblematisch te zien. Met een kerststal heb ik dat niet. Het is ook typisch westers, hé. De oosterlingen zullen zeggen: 'Nee, Pasen is het grootste feest, dat is duidelijk. Ik word heel erg getroffen door de menselijkheid van Christus. En dat brengt met zich mee dat je alles wat menselijk is, apprecieert en graag hebt. Dat is ook de essentie van de cultuur: de menselijkheid van de mens, het humanisme, de interface tussen geloof en cultuur, geloof en wereld. Dat is voor mij de hoofdzaak. Mijn interesse gaat dan ook vooral uit naar het culturele, het artistieke, wat met denken en wetenschap te maken heeft. Minder naar het sociale. Niet dat ik dat niet waardeer, maar als ik over sociaal werk hoor, raakt mij dat minder. Ik moet mij altijd inspannen om te zeggen: 'Ja, dat hoort erbij en ik doe dat dan ook'. In Tertio stond er een uitspraak van iemand over mij: 'Danneels is een mysticus, geen straathoekwerker'. Wel, dat is heel, heel juist.

Sacramenten zijn belangrijk voor de Kerk. Waar ze in onbruik raken of minder gewaardeerd worden, ontstaat een levensgrote dreiging: het christendom verwordt tot een zuiver woordgebeuren. En dan is de weg open naar een geloof dat helemaal gerationaliseerd wordt, dat verdampt tot een filosofie, dat verinnerlijkt tot een subjectief en privaat gebeuren. Dan valt de Kerk ook weg.

Weet u waarom sacramenten zo belangrijk zijn? Ze zijn de wakers bij het realisme van de menswording. Sacramenten zijn: God die binnentreedt in de stof van de kosmos en die water, brood, wijn en olie maakt tot dragers van zijn verlossing. Sacramenten hebben dus iets te maken met Kerstmis: "Het Woord is vlees geworden en het heeft onder ons gewoond".

Uit 'De tuin der zeven bronnen', Kerstbrief kardinaal Danneels 1993

V

JOANNES-PAULUS II EN BOUDEWIJN I
1977-1990

In 1978 wordt Albino Luciani de nieuwe paus Johannes-Paulus I. Heeft u hem ooit ontmoet?
Nee, nooit. Hij is ook maar 33 dagen paus geweest. Die man heeft het leven in Venetië, waar hij rustig kon zitten op zijn lagune, moeten wisselen met het hectische bestaan van paus. En ik denk dat zijn hart het niet gehaald heeft.

En al de complottheorieën rond zijn dood: allemaal flauwekul?
De morgen na de pauskeuze stond hij in de lift met kardinaal Suenens die hij kende en hij zei: 'Ik had het misschien niet moeten aanvaarden'. Hij was hartlijder en volgens mij heeft zijn hart de ritmeversnelling van Venetië naar Rome niet aangekund. Ik kan het mij goed voorstellen, dat is werkelijk een wereld van verschil! De rust van het grootseminarie van Brugge en het hartje van Antwerpen...

U had hetzelfde gevoel?
Natuurlijk.

Paus Luciani heeft u niet gekend, zijn opvolger Karol Wojtyla daarentegen des te beter. Hoe was uw relatie met Joannes-Paulus II?
Eigenlijk goed. In het begin heeft hij me zelfs gevraagd, ik was nog maar pas benoemd hier in Mechelen in 1980, om ondervoorzitter te zijn van de Nederlandse synode. En dat was toch een blijk van groot vertrouwen. Een jonge bisschop van 44 jaar een van de meest stekelige dossiers toe te vertrouwen om samen met kardinaal Willebrands te modereren. De paus heeft daar toch een risico genomen. Later heeft hij mij ook benoemd in een zestal dicasteries (ministeries van de Curie, nvdr.). Ik ben ook vaak bij hem geweest. Ik vond van Joannes-Paulus II dat hij tegelijk chef was ('we moeten onze verantwoordelijkheid nemen') en toch zeer nabij, zeer warm. Hij verenigde twee kanten die niet altijd samengaan. Je hebt mensen met een grote besluitvaardigheid die koel zijn als kikkers, zonder emoties. En je hebt emotionele mensen, die graag handjes schudden, maar die als leider niet deugen. Hij was beide. Ik heb dat in hem erg gewaardeerd. Ik heb ook verschillende keren duidelijk met hem gesproken. Op het einde van zijn leven had ik minder contact met hem. Niet dat er een haar in de boter was, hij heeft nooit iets tegen mij gehad, integendeel. Wel zag hij dat de Belgische kerk niet meer de kerk was van 30 jaar geleden, met veel missionarissen

en religieuzen. Dat het secularisatieproces hier insloeg als een bom. We kregen de meest liberale wetgeving in ethische kwesties. Hij heeft, denk ik, nooit gedacht: 'Het is de schuld van de kardinaal of van de bisschoppen'. Ik denk dat hij daarover veeleer wat Pools-treurig was, dat de impact van de kerk in het publieke en politieke leven zo sterk verminderde op korte tijd... Maar dat had geen weerslag op onze relatie. Op het einde trouwens, de laatste jaren van zijn leven, was hij ook zo gehandicapt, dat ik zelfs bijna niet meer bij hem geweest ben. Het was bijna pijnlijk om hem te bezoeken.

Als je spreekt van een straathoekwerker: hij was er wel een, op alle hoeken van de wereld. Hij was meer doener dan denker.
Dat klopt niet helemaal. Hij was filosoof. Hij heeft boeken geschreven, o.a. over het huwelijk. Op antropologisch vlak was hij toch wel sterk. Maar, hoe moet je hem noemen? Hij was geen echte straathoekwerker. Hij was wel sociaal voelend, relationeel.

Was dat zijn belangrijkste kwaliteit?
Ik denk dat hij in het begin geprobeerd heeft om de Curie een beetje te hervormen en dat hij na een tijdje gemerkt heeft dat het niet te doen was. En dan heeft hij gezegd: 'Ik ga op reis'. En misschien heeft hij gelijk gehad, want hij heeft met dat reizen veel meer bereikt dan hij ooit zou hebben bereikt met de Curie te hervormen. Daarin bleek hij helemaal het tegendeel van Paulus VI. Die bleef in Rome, was bezig met de Curie, volgde ook alles. Joannes-Paulus II liet veel dingen gebeuren. Hij delegeerde veel. Je moest hem meegemaakt hebben, bezig gezien hebben.

Heeft die ontzettende inspanning van 25 jaar reizen naar alle mogelijke landen effect gehad?
Het heeft de Kerk op de wereldkaart gezet. Daar kan men niet naast kijken. Hij is niet altijd met open armen ontvangen geweest, want men zei: 'Men houdt van de zanger, maar niet van zijn lied'. En dat was ook wel een beetje waar. Maar dat hij een goed 'zanger' was, had toch ook zijn belang. Anders zou de Kerk geïsoleerd geweest zijn op een eiland. En dat is niet gebeurd. Hij heeft ze op de wereldkaart gezet en de Kerk heeft voor het ogenblik een vrij grote invloed op alles wat in de wereld gebeurt. Men kan niet zonder haar. En dat is zijn verdienste. Misschien waren we anders '*quantité négligeable*' geworden.

Is dat het belangrijkste wat u onthoudt van zijn pontificaat?
Uiterlijk gezien, ja. Ik denk dat de public relations, in de goede zin van het woord, een prima zaak geweest zijn. Anderzijds was er een binnenkant aan Joannes-Paulus II waarvan weinig mensen weet

hebben. En dat is zijn mystiek leven. Hij was toch een merkwaardige, biddende man, een denker. Je zou gezegd hebben een showman, maar eigenlijk was het iemand die ontzaglijk veel geleden had. Daarvan ben ik overtuigd. Je moest hem 's morgens zien bidden in zijn kapel, vooraleer je met hem concelebreerde. Dan was hij werkelijk verzonken. Niet meer van deze wereld. En dat weten maar weinig mensen. Het was toch een complexe persoon.

Straks wordt hij heilig. Is hij dat waard?
Hij is een bijzondere mens geweest. Ook op het stuk van innerlijk leven en voor alles wat hij gedaan heeft, vind ik dat hij dat verdient. Er is een kardinaal die een jaar of twee geleden gezegd heeft: 'Ze zouden beter alle pausen onmiddellijk heilig verklaren, dan hoeven ze niet jaloers te zijn op elkaar'. Er is ook inderdaad iets merkwaardigs aan de hand. Men is bezig een serie pausen te canoniseren: Pius XII kan voor het ogenblik niet heilig verklaard worden, Paulus VI zal het wel worden, Joannes XXIII is al zalig verklaard, Joannes-Paulus II zal het ook worden...

Nog goed dat u geen paus geworden bent...
Ik hou er niet van om heilig verklaard te worden. Heilig worden, dat is iets anders. Als alle mensen die heilig leven allemaal gecanoniseerd moeten worden, dan gaan we rechtstreeks naar een logementscrisis in de liturgische kalender!

Hebt u er echt nooit van gedroomd paus te worden?
Ik heb er nooit van gedroomd, maar ik heb wel gezien dat de media ervan droomden. En heel wat mensen rondom mij. Op het einde moet je opletten dat je daar niet in trapt. Ik heb me altijd afgevraagd: waarom denken ze dat? En dan komt het toch af en toe eens bij je op: zou het toch niet waar zijn dat ik dat zou kunnen?

Hebt u nooit eens plannetjes gemaakt van: mocht ik aan het hoofd van de Kerk staan, dan zou ik dit of dat doen?
Ik ben heel slecht in planning. Heel slecht. Ik bereid nooit iets voor. Zoals vandaag bijvoorbeeld, weldra neem ik pensioen en ik heb nog geen huis. Ik weet nog niet waar naartoe. Ik ben daar ook nooit mee bezig. De zuster die voor me zorgt, zegt: 'Wat er hier allemaal staat! Boeken, cd's, schilderijtjes die u gekregen hebt of gekocht. Hoe gaan

Op 4 januari 1980 werd Godfried Danneels geïnstalleerd als 19de aartsbisschop van Mechelen-Brussel.

Installatie van Godfried Danneels als aartsbisschop van Mechelen-Brussel

MECHELEN (cip) – In de Sint-Romboutskathedraal werd gisteren mgr. Godfried Danneels officieel als 19de aartsbisschop van Mechelen-Brussel geïnstalleerd. Zulks gebeurde met een plechtige overhandiging van de benoemingsbul aan het metropolitaans kapittel. Aartsdiaken Van Hove las deze brief voor aan de zowat vijfhonderd aanwezigen. Vanaf dat ogenblik ontving de aartsbisschop zijn geestelijk gezag. Hierna volgde een spontaan applaus van de gelovigen en werd door de nieuwe aartsbisschop een mis gecelebreerd.

In zijn homilie zei aartsbisschop Danneels « dat God een zware verantwoordelijkheid legde op de schouders van een onervaren mens. Maar Hij geeft meteen ook kracht om die opdracht te vervullen... »

Danneels zei dat hij bij het nieuws van zijn benoeming spontaan had gedacht aan de woorden waarmee paus Johannes Paulus de Tweede tijdens de conclaaf reageerde op zijn verkiezing: «In vertrouwen op onze Heer Jezus Christus en met de hulp en de voorspraak van zijn moeder Maria en niettegenstaande de moeilijke omstandigheden, wil ik deze taak op mij nemen».

Tot slot gaf de nieuwe aartsbisschop als zijn mening te kennen dat hij « als een apostel moet voorgaan in het bidden en het verkondigen van het Woord ».

Na de mis had dan een rondgang plaats door de Mechelse kathedraal, waarbij Godfried Danneels speciaal ging bidden in de grafkapel van kardinaal Mercier.

Uit 'De Standaard' van 5 januari 1980

we dat doen? We krijgen dat nooit ergens binnen!' Voor haar is dat een nachtmerrie. Maar ik zeg altijd: 'Het komt wel in orde. We zien wel'. Er zijn mensen die al vijf jaar voor hun pensioen aan het plannen slaan: waar ga ik naartoe, hoe ga ik het allemaal organiseren... Ik niet. Ik leef van dag tot dag en ik heb me daar altijd goed bij gevoeld.

En dat heeft u veel verrassingen opgeleverd.
Niets anders dan verrassingen. Heel mijn leven heb ik niets gekozen, het is mij allemaal overkomen.

In 1980 overkwam u weer iets: u werd aartsbisschop van Mechelen-Brussel...
Dat was nog erger!

...hoofd van alle Belgische katholieken. Kwam dat helemaal onverwachts?
Niet helemaal, want ik wist uiteraard dat kardinaal Suenens in 1980 op rust zou gaan. Ik was op het einde van 1977 naar Antwerpen gekomen. En als men onder de bisschoppen sprak over de nieuwe aartsbisschop, zei mgr. Heuschen (toenmalig bisschop van Hasselt, nvdr) mij: 'Houd u maar gereed, hé!' Ik geloofde dat maar half. Maar kardinaal Suenens dacht toch ook dat dat kon gebeuren. Ik heb daar eigenlijk nooit zitten op wachten, integendeel. Ik vond het nog een grotere ontheemding dan Antwerpen. Alhoewel, een West-Vlaming die naar Antwerpen moet, dat is toch ook geen geringe verandering! Maar dan naar Mechelen komen, in een heel complex bisdom. Tweetalig bovendien, met Brussel in het midden. Ik kende hier nog minder mensen dan in Antwerpen. Je komt daar dan de eerste keer op de bisschopsraad tussen al die bonzen, die allemaal al hun sporen verdiend hebben: mgr. Theeuws, mgr. Schoenmaekers, ... Ik was 46 en plotseling baas van allemaal. 't Was wennen.

En is dat goed verlopen, met de Franstaligen?
In het begin was men een beetje wantrouwig. Maar dat heeft niet lang geduurd. Het probleem is: je moet goed Frans spreken en eens men voelt dat je goed tweetalig bent, dat het zelfs niet meer te horen valt dat je een Vlaming bent, dan is het wantrouwen meteen weg. En ik heb ook nooit in mijn leven flamingantische reflexen gehad. Ik bezit de bekwaamheid om mij in andere mentaliteiten en gevoeligheden te verplaatsen. Ik heb nog nooit bij mezelf gedacht: wat is het toch vervelend om Frans te moeten spreken of met Walen te moeten omgaan. Ik heb dat altijd als verrijkend beschouwd en ik was het trouwens gewoon. Mijn eerste jaren van het seminarie, op het Leuvense Leo XIII, leefde ik in een tweetalig

milieu. In Rome was het Belgisch College drietalig. Ik heb vrijwel altijd geleefd in een milieu waar men meer dan een taal sprak.

In 1983 wordt u kardinaal, een titel die hoort bij een zittend aartsbisschop van Mechelen. Wat doet dat met een mens?
Het probleem is niet van het te worden, het zou pas een probleem zijn als je het niet wordt! Want dat zou een *désaveu* zijn. Dus heb ik dat aangenomen. Blij, want het geeft je ook mogelijkheden om in Rome, in het centraal bestuur van de Kerk, te komen, en bij de paus. Maar echt staan juichen omdat ik kardinaal werd, dat deed ik niet.

Duur bij de kleermaker.
Ja. Ik zeg dat niet vaak, maar een van mijn beproevingen zijn die kleren. Als je naar het Vaticaan gaat, moet je in toog zijn. En je wilt met de metro rijden. Met die outfit kun je niet op de metro of de bus stappen, want je 'staart' zit tussen de deur. Die kleren zijn gemaakt voor mensen met chauffeur en die zich op de achterbank van de wagen kunnen neervlijen. Voor normale, moderne mensen is dat niet te doen! Wat doe ik dus? Ik stop alles in een boekentas of een koffertje en ik kleed me om in het Vaticaan, om toch in orde te zijn. Ik verwens altijd diegene die dat kostuum heeft uitgevonden. Vooral met die 30 of 40 knoopjes! Als je eentje mist, moet je alles herdoen! Dat ligt mij vreselijk op de maag. Waarom dragen kardinalen geen toog zoals de jezuïeten vroeger? Die legden de twee helften over elkaar en klaar was kees. Maar nu heb ik daarvoor tien minuten nodig!

Kardinaal Danneels tijdens de Bisschoppensynode in 1985 in Rome
Bron: Aartsbisschoppelijk Archief, Mechelen

"MET HET VERLOREN GAAN VAN EMBRYO'S, DAAR HEB IK WEL PROBLEMEN MEE"

Hebt u een Romeinse kleermaker?
Ja, want hier zijn die stoffen niet op voorraad. Alleen in Rome zijn er leveranciers die dat soort paars of rood leveren. Dat is heel speciaal rood, hoor...

Bloedrood...
Ja, bloedrood. En dan nog arterieel bloed, mooi rood, van de slagaders! Geen veneus bloed!

In datzelfde jaar 1980 wordt u ondervoorzitter van de bijzondere synode van de Nederlandse Kerk. Heeft die synode eigenlijk iets opgelost voor de kerk in Nederland?
Ik weet niet of ze iets opgelost heeft, maar ze heeft het ergste vermeden.

Een schisma?
Of het zover zou zijn gekomen, weet ik niet. Maar in elk geval hebben de bisschoppen die van mening verschilden, ingezien dat ze moesten samenwerken. En er is sindsdien toch iets gebeurd. Langzaam, heel langzaam, is er een zekere eenheid onder die bisschoppen gegroeid. Ik ga niet zeggen dat die zeer hecht is, want het zijn nog heel verschillende karakters. Maar ik denk dat ze de eenheid in het episcopaat toch hebben teruggevonden. Nadien hebben ze elkaar ook niet meer in het publiek gedesavoueerd. En ze hebben ook in zekere mate samen weerstand kunnen bieden aan pressiegroepen, zoals de 8-meibeweging en anderen. Het is een lastige periode geweest. En het heeft zeker, ik overdrijf niet, na de synode nog tien jaar geduurd voor ze tot een echte *modus vivendi* waren gekomen.

Nu is de toestand rustig, maar ja, het zijn ook allemaal nieuwe bisschoppen die niet zo revolutionair zijn als hun voorgangers. Het Nederlandse episcopaat is eigenlijk klassiek geworden.

Op 16 mei 1985 begon het eerste bezoek van paus Joannes Paulus II aan België. Het enthousiasme in België steekt fel af tegen de kille, bijna vijandige ontvangst in Nederland. Kardinaal Danneels noemt het bezoek na afloop "een kermis", maar ook het einde van het sociologische, alomtegenwoordige katholicisme in België. Tien jaar later krijgt Joannes Paulus II bij zijn tweede bezoek aan België nog nauwelijks 40.000 mensen op de been.

Eerste bezoek van paus Joannes-Paulus II aan België

Bisschop van Rome – De warme toon waarop Johannes-Paulus II gisteravond in het Jubelpark te Brussel dankte voor de ontvangst door de koning gaf meteen de stijl aan waarin zijn pastoraal bezoek zal plaatsvinden. Hij speelt, indien een sportuitdrukking hier gepast is, in zekere zin op eigen terrein. Wij zijn dan wel geen Polen, maar volgens de peiling naar de heersende waarden, die twee jaar geleden simultaan in twintig Europese staten plaatshad, komen wij een eind achter de leren uit de bus als nummer twee van de door het christendom doordrenkte landen. Dat hoeft niet tot triomfalisme te verleiden, want ook wij ontsnappen niet aan het getij van ebbe dat alle christelijke belijdenissen in Europa thans kenmerkt: geloven is geen evidentie, en geloven binnen het raam van een kerk is onaantrekkelijk geworden.

Zoals elders zet de secularisering, het terugtrekken op aardse waarden, zich verder. De zondagspraktijk is steil gedaald, en wordt niet meer als maatstaf voor kerkelijkheid beschouwd. De clerus vergrijst zienderogen, roepingen voor het religieuze leven zijn schaars. Wat de sociologen het "scandinaviseringsproces" noemen, het afhaken van de jongere generaties, dunt hier evenzeer de rangen uit. Er zijn heel veel min-of-meer-gelovigen die zich op verschillende afstanden bevinden, hetzij om dogmatische of om ethische inzichten. Maar zoals elders is ook hier een levensverdieping gaande en in de binnenste kring van de kerk is er veel meer betrokkenheid dan ooit tevoren.

Toch staken wij, en dan vooral de Vlamingen, af bij de buurlanden. In eerste instantie door de nog altijd groeiende christelijke structuren (onderwijs, ziekenzorg, sociale en culturele organisaties enz) en jeugdbewegingen, en vervolgens door ons traditioneel "gezond verstand". De kerk in België haalt nooit de krantenkoppen, en vele buitenlandse perslui zijn van Nederland direct naar huis gevlogen. Hier valt geen nieuws te rapen. Hier bestaat geen polarisering tussen vooruitstrevenden en behoudsgezinden, en evenmin spanning in de bisschoppenconferentie. De gematigde Belgen zijn ten hoogste of vermoeid, of onverschillig, met hier en daar antiklerikale oprispingen die niet te vergelijken zijn met het beschamende antipapisme en de leerstellige betweterij van onze noorderburen.

Toch is dit pastorale bezoek niet overbodig. "Het is het bezoek van de bisschop van Rome aan de bisschoppen van de particuliere kerken," zei Johannes-Paulus II gisteravond in zijn dankwoord. "En tussen alle particuliere kerken –die hun eigen tonaliteit moeten behouden binnen de veelvormige rijkdom van geheel het Lichaam dat de kerk is- bestaat er een essentiële eenheid van geloof en discipline, een solidariteit in de universele zending, en banden van genegenheid en wederzijdse hulp." Die boodschap zal hij in de volgende vijf dagen uiteenzetten aan de katholieke gelovigen, en naar wij hopen, zonder dat zij overstemd wordt door andersdenkenden.

Hoofdartikel van Guido van Hoof in 'De Standaard' van 17 mei 1985

In 1983 wordt in Leuven de eerste Belgische proefbuisbaby geboren. De Kerk verzet zich nog altijd tegen de techniek van IVF, ondanks het feit dat toch heel veel mensen daardoor het geluk van het ouderschap beleven. Waarom blijft Rome zich zo hardnekkig daartegen verzetten?
Het belangrijkste bezwaar is dat er een aantal embryo's worden ingeplant die eigenlijk voor niets zijn. Of je krijgt daar twee- of meerlingen van, waarbij het risico bestaat dat men er enkele vernietigt. Mocht men maar één eicel moeten inplanten met kans op bevruchting, dan zou ik daar persoonlijk geen bezwaar tegen hebben. Men heeft altijd gezegd dat de bevruchting in een huwelijksdaad moet gebeuren, maar dat kan ik niet goed inzien. Er is natuurlijk een verschil tussen een seksuele daad van man en vrouw in bed en een inplanting van een bevruchte eicel uit een lab. Maar in feite zie ik daar toch niet het essentiële ethische verschil tussen. Maar met het verloren gaan van embryo's, daar heb ik wel problemen mee.

In 1985 krijgt u in Rome een tweede belangrijke taak toegewezen: relator van de buitengewone synode na 20 jaar Vaticaan II. Herinnert u zich nog de teneur van uw eindrapport?
De problematiek van die bijzondere synode was: zullen we Vaticaan II afremmen of doorzetten en – dat dachten sommigen – nog verder gaan? Heel de wereldpers zat erop te kijken: wil men afblokken of voortdoen? Ik was dus relator. Dat is diegene die alles moet bijeenbrengen en het eindrapport schrijven. Als secretaris werd ik bijgestaan door Walter Kasper (Duits curiekardinaal, momenteel voorzitter van de Pauselijke Raad voor de Eenheid, nvdr), die was toen nog geen bisschop. Hij was professor in Tübingen. Die synode is eigenlijk een van de hoogtepunten in mijn leven. Kasper en ik zijn erin geslaagd 's nachts een tekst te schrijven waarmee iedereen zich verzoend heeft. 's Anderendaags is die bijna unaniem goedgekeurd. Dat was bijna een mirakel. En dat was te danken aan Kasper en aan mij. Wij presteerden wat de theologen van Leuven tijdens Vaticaan II konden: een tekst schrijven waar de dingen helder in verwoord staan, maar waaraan niemand zich kan storen. Een echte compromistekst, maar in de goede zin van het woord. Het is in hoofdzaak een kwestie van juist te kunnen formuleren. Toen er de volgende morgen gestemd werd, werd de tekst bijna unaniem goedgekeurd. Op de persconferentie daarna zat de hele wereldpers, om te weten wat er gebeurd was. Is het nu afstoppen en terugkeren, want we zijn te ver gegaan, of is het doorgaan? De teneur van het synodebesluit was doorgaan, maar zonder de excessen. Dat er een grote catechismus moest komen, is in die tekst voor het eerst gezegd. Ook dat men moest studeren over de verhouding tussen de collegialiteit van de bisschoppen en het primaatschap van de paus, staat daarin. Evenzo de kwestie van het

Op zondag 24 november 1985 begint in het Vaticaan de Bijzondere Synode over de gevolgen van het Tweede Vaticaans Concilie. Kardinaal Danneels is "relator", verslaggever, van deze bijeenkomst. Samen metde latere kardinaal Kasper zal hij op het einde een verslag opmaken dat iedereen tevreden stemt. Hij beschouwt dit werk als een van zijn mooiste verwezenlijkingen.

Opening van de buitengewone bisschoppensynode over de hervormingen van het Tweede Vaticaans Concilie

VATICAANSTAD (afp, upi) – Paus Joannes-Paulus II heeft gisteren met een mis in de Sint-Pietersbasiliek de buitengewone bisschoppensynode geopend, die een balans moet opmaken van de hervormingen van het Tweede Vaticaans Concilie. Tot 8 december zullen 165 stemgerechtigde kardinalen en bisschoppen uit alle delen van de wereld zich bezinnen over de invloed die het concilie op de rooms-katholieke kerk heeft gehad. Op deze synode zijn ook negen vrouwen (tegen twee op het concilie) onder wie Moeder Teresa, en een aantal afgevaardigden van de andere christelijke kerken. Beide groepen zijn er als waarnemers zonder spreek- of stemrecht.
In zijn homilie riep de paus de deelnemers aan de synode op "het geestelijk klimaat van het concilie te doen herleven."
De werkvergaderingen beginnen maandag met een toespraak van kardinaal Godfried Danneels, die een samenvatting brengt van de reacties die de diverse lokale bisschoppenconferenties in de afgelopen maanden hebben gegeven op vragen van het Vaticaan over de weerslag van het concilie in hun bisdommen. Duizenden Italiaanse rooms-katholieken hebben er in een petitie op aangedrongen, dat de synodedeelnemers de joden om vergeving zouden vragen voor "de moorden, vervolgingen en kwellingen" waaraan de kerk zich de voorbije eeuwen schuldig zou hebben gemaakt.

(...)

statuut van de bisschoppenconferenties: zijn die louter administratieve cenakels of zijn het echte instrumenten van medebeheer in de Kerk? Het staat allemaal in het eindverslag. Het is bovendien een tekst waaruit hoop spreekt, een positieve tekst. We waren ermee klaar tegen twee uur 's nachts, in het Vaticaan. Om twee uur gingen we beiden naar huis, en we hebben zelfs de Zwitserse wacht moeten wekken om buiten te kunnen. Dat herinner ik mij nog goed. Maar toen was ik ook doodop.

U heeft er een levenslange vriendschap met mgr. Kasper aan overgehouden.

Ja, nu nog. En dat Joannes-Paulus II mij die taak toevertrouwd heeft, bewijst ook hoezeer hij mij vertrouwde. Hoe oud was ik? 52 jaar?

Een broekie!

Eigenlijk wel. De paus heeft een serieus risico genomen. Had het toen geleid tot polarisatie! Want dat was het wat wij moesten vermijden.

Hebben jullie die tekst in het Latijn geschreven?

Nee, in het Italiaans, en Kasper zelfs een stuk in het Duits.

En in hetzelfde jaar 1985 komt de paus naar België.

Dat was een kermis! Op de laatste persconferentie na zijn vertrek heb ik het zo geformuleerd. Het was werkelijk onvoorstelbaar. Hij kwam uit Nederland, waar de ontvangst als een koude douche was. Maar hier! Meer dan 1 miljoen mensen hebben zich verplaatst, wat nu niet meer denkbaar zou zijn. Ik vond het achteraf gezien ook het einde van een periode. Het einde van het sociologisch alomtegenwoordige katholicisme. Zonder complexen. Het was bijna een Poolse situatie: iedereen was katholiek. Heel anders was de uitgeregende zaligverklaring van Damiaan in 1995, tien jaar later. Daar hebben we met moeite 40.000 mensen bijeen gekregen. Het hoogtepunt was voorbij.

Een heel merkwaardige gebeurtenis, en voor veel mensen DE historische gebeurtenis van het einde van de 20ste eeuw, was de val van de Berlijnse Muur, op 9 november 1989. Weet u nog wat er door u ging toen u de beelden zag van de mensen die van oost naar west door die muur gingen?

Ik vond dat zeer emotioneel. Dat die Muur afgebroken werd en de hele forteresse van het communisme ineenstortte. Ik dacht: hier begint een nieuwe periode in de geschiedenis van Europa. Enkele maanden geleden ben ik nog in Berlijn geweest. Als je ziet waar de Muur gestaan heeft en je denkt aan al die mensen die er op hun vlucht naar de vrijheid neergeschoten werden... Daar heeft Europa zijn kans gekregen.

Had u ooit gedacht dat het communisme zou verdwijnen?
Nee, niet op die manier. Ik kon me niet inbeelden dat het communisme zou verdwijnen zonder bloedvergieten. Eigenlijk is het geïmplodeerd en merkwaardig genoeg heel snel. Omdat het, denk ik, op een leugen berustte en op een slechte antropologie, met name dat de mens ondergeschikt kan gemaakt worden aan de economie.

Men kan toch zeggen dat paus Joannes-Paulus II in heel dat proces een grote rol gespeeld heeft.
Hij heeft de Muur niet doen vallen, maar zonder hem zou hij misschien niet gevallen zijn.

En ook Polen heeft een grote rol gespeeld...
Met Lech Walesa en Solidarnosc. Die hebben een grote rol gespeeld in de val van het communisme.

En dan de verrijzenis van de religie.
Maar dan alleen in Rusland, in het vroegere Oost-Duitsland heb je dat niet. En ik weet niet of de godsdienst het ook beter doet in Hongarije en Tsjechië. Maar het is waar: in Rusland is er een heropbloei van de religie, maar heel typisch Russisch. Waar bloeit ze weer? In de monasteria. In de duizenden roepingen van monniken en monialen en in de honderden kloosters die gesticht worden. Dat is de Russische ziel. Russen zijn zo.

Fascineert Rusland u?
O ja. De schrijvers, de orthodoxe liturgie, de onmetelijkheid...

In 1990 wordt ondertussen in ons land abortus gelegaliseerd. Hoe hebt u die wet ervaren?
Ik vond dat een wending in de beschaving.

Een achteruitgang?
De wet op zich, maar ook het fenomeen abortus dat zulke proporties aannam. Want mocht het een uitzondering geweest zijn, men zou het niet gelegaliseerd hebben. Het is een andere beschaving, waarin de ene mens zich verheft boven een andere mens en dat nog goedkeurt ook. De mens die zegt: ik supprimeer u. Ook met euthanasie zitten we in een andere beschaving van mensen die zich boven anderen kunnen stellen. Zeker als men de euthanasiewet zou uitbreiden tot minderjarigen, gehandicapten, Alzheimerpatiënten, enz. Ik voel mij niet thuis in die wereld. Men zegt natuurlijk altijd: 'Je bent niet verplicht om dat te doen, maar als anderen het willen, dan moet het mogelijk zijn'. Daar kan ik niet goed bijkomen, omdat ik denk dat het uiteindelijk leidt tot een deshumanizering van de samenleving.

Gaat men te ver in de zelfbeschikking?
Men vergoddelijkt de mens. Men geeft hem bijna goddelijke beslissingsmacht, over zichzelf en over anderen. De mens zou er zich rekenschap van moeten geven dat hij God niet is. In het beste geval is men een afgodje, een idool. Een Ik dat zo belangrijk wordt, doodt de menselijke solidariteit en de menselijke familie. Het Ik moet zijn rechten hebben, dat is duidelijk, en vanaf de Renaissance heeft het die ook. Het is niet langer een Ik dat verzonken is in het Wij. De Renaissance heeft wat dat betreft buitengewone dingen gedaan. Maar nu blazen wij het Ik op tot kankerachtige proporties. Een cultuur waarin het Ik alles beheerst en waarin men zegt: je moet alleen nog een beetje rekening houden met de ander, zodat het niet te veel botst, maar waar geen fundamenteel gemeenschapsbewustzijn meer in zit, is een slechte beschaving.

Kardinaal Danneels tijdens het pausbezoek van Joannes-Palus II in 1985, bij de ingang van de Sint-Romboutskathedraal in Mechelen.

Bron: Aartsbisschoppelijk Archief, Mechelen

Goedkeuring van de abortuswet

Als koning Boudewijn begin april 1990 weigert de abortuswet te bekrachtigen met zijn handtekening, ontstaat er een zware institutionele crisis. Na dagenlang geheim beraad beslist de regering artikel 82 van de grondwet toe te passen. Dat bepaalt, dat als de koning in de onmogelijkheid verkeert te regeren, de verenigde Kamers in de voogdij en in het regentschap voorzien. Omdat in dergelijk geval volgens artikel 79 van de grondwet de Koninklijke macht wordt uitgeoefend door de in raad verenigde ministers, besliste de ministerraad op 3 april 1990 het wetsontwerp betreffende de zwangerschapsonderbreking te bekrachtigen en af te kondigen. Daarmee kreeg het ontwerp kracht van wet. Op donderdag 5 april 1990 stelden Kamer en Senaat vast dat de onmogelijkheid van de koning om te regeren een einde had genomen. Boudewijn kon de uitoefening van zijn grondwettelijke machten hervatten. Een crisis van het regime was bezworen.

Zware politieke crisis met thrillerallure

VERHAAL VAN GEHEIME OPERATIE LIJKT NOG NIET AFGELOPEN TE ZIJN

BRUSSEL – Het verhaal van de politieke crisis, die vorige week vrijdag begon en gisterenochtend een oplossing kreeg, vertoont de allures van een thriller. De zeven hoofdrolspelers (de premier met zijn vijf vicepremiers en het staatshoofd zelf) handelden dagenlang alles in het grootste geheim af, wat naar Belgische normen erg ongewoon is. Overdag en 's nachts ontwierp men allerlei scenario's, de audiënties volgden elkaar snel op, de crisisgeur bleek nooit ver weg te zijn, de spanning was te snijden. Of het boek vanmiddag wordt dichtgeslagen, is niet eens zo zeker.

Vorige week vrijdagochtend lichtte eerste minister Wilfried Martens voor de vergadering van de wekelijkse ministerraad zijn vijf vicepremiers in over het standpunt van de koning. Philippe Moureaux (ps), Willy Claes (SP), Jean-Luc Dehaene (CVP), Melchior Wathelet (PSC) en Hugo Schiltz (VU) reageerden onthutst, niet het minst toen ze de inhoud hoorden van de brief die de koning hierover schreef.

Naar verluidt zegt de koning in die brief, dat hij het niet eens kan zijn met de recent door Senaat en Kalmer goedgekeurde abirtuswet, omdat die strijdig is met zijn geweten. Door die wet te ondertekenen zou hij de enige Belgische burger zijn die tegen zijn geweten moet handelen. Daarom vroeg hij de regering een oplossing te bedenken die de goede werking van de parlementaire instellingen niet in het gedrang brengt. Het staatshoofd spreekt in die brief geen oordeel uit over de parlementsleden die de abortuswet wel goedkeurden. Na de wekelijkse vergadering van de ministerraad op vrijdag en opnieuw zaterdag, werden alle vicepremiers door de koning ontvangen. Die probeerden tijdens soms erg lange gesprekken in het kasteel van Laken het staatshoofd ervan te overtuigen die wet toch te ondertekenen. Ze wezen hem daarbij ook op de mogelijke gevolgen van zijn daad voor zijn eigen functie. Hun pogingen haalden weinig uit, de koning bleef bij zijn standpunt. Even wou men de kardinaal inschakelen. (...)

Pol VAN DEN DRIESSCHE - Uit 'De Standaard' van 5 april 1990.

Hoever mag de autonomie van de mens gaan? Want als men ervan uitgaat dat het Ik niet onbeperkt vrij mag zijn, dan moet er een instantie zijn die zegt: tot hier en niet verder. Wat bijna automatisch het geloof in transcendentie insluit.
Het sluit, denk ik, alleen maar in, minimaal, de tien geboden, ten minste de vijf laatste.

De Mozaïsche wet...
Inderdaad. En je kunt dan zeggen, die komt van God of van de natuur, of het is gewoon oude menselijke wijsheid, dat je niet mag moorden, enz. Maar ik denk dat er iets is wat boven mijn individuele bevoegdheid gaat.

Eén man houdt stand tegen de abortuswet: koning Boudewijn. Hij weigert hem te tekenen. Heeft Boudewijn u daarover geconsulteerd?
Ik heb met de koning daarover gesproken, geconsulteerd is een te zwaar woord. Maar ik heb er meerdere keren met hem over gesproken. En hij heeft mij altijd gezegd: 'Zeg maar wat u denkt, maar ik zal mijn beslissing nemen, onafhankelijk van wat u zegt'. Ik ben trouwens nog naar Rome geweest, bij paus Joannes-Paulus II, om met hem te spreken over dat gewetensprobleem. De beslissing om niet te tekenen was duidelijk de persoonlijke beslissing van koning Boudewijn. Niet de mijne, niet die van Wilfried Martens, niet die van de regering, het was zijn persoonlijke beslissing.

En toen hij ze genomen had, heeft men u toen benaderd om de koning te beïnvloeden?
Nee. Hij nam ze en hij aanvaardde de consequenties. Daar ben ik niet meer tussenbeide gekomen. De politici hebben dat gedaan.

U had het zien aankomen dat hij die beslissing zou nemen?
Ik had vermoed dat hij het zou doen, maar tot op het laatste moment wist ik het niet.

En het verbaasde u niet, toen u het vernam?
Eigenlijk niet. In theorie hoeft de koning wanneer hij een wet ondertekent niet akkoord te gaan met de inhoud ervan. Het zou dan slechts gaan om een soort notariële handtekening, die gewoon bevestigt dat de hele procedure gevolgd is. Boudewijn heeft die theorie nooit willen aanvaarden. Hij zei: 'Mijn geweten zegt mij dat ik niet kan zeggen dat ik hier notaris ben. Ik ben hier koning. En christen'.

Hij zou hebben gezegd dat zelfs de paus hem niet van mening zou doen veranderen.
Hij zei: u mag zeggen wat u wil en ik vraag u om te zeggen wat u denkt, maar ik zal zelf de beslissing nemen en zelfs de paus zal me daar niet van af brengen. Ik heb alvast nooit geprobeerd hem om te praten en de paus ook niet.

Stond u dicht bij Boudewijn?
Ik kende Boudewijn, maar dicht...

Ging u soms naar het paleis om over het geloof te praten?
Ik heb hem vaak gezien en als wij elkaar ontmoetten dan praatten wij wel over het geloof. Soms nodigde hij mij ook wel eens uit. En dan werd er over allerlei onderwerpen gepraat, maar nooit over politiek. Als ik er was, dan ging het altijd over het geloof.

Hij had meer contact met kardinaal Suenens.
Hij had zeer veel contact met kardinaal Suenens.

Hoe keek u daar tegen aan? Hebt u gezegd, dat doe ik niet?
Dat hing van de koning af, hé! Je mag niet vergeten dat kardinaal Suenens nog een hele tijd geleefd heeft, nadat ik was aangetreden. Hij heeft zijn contacten met de koning gewoon voortgezet.

Kardinaal Danneels tijdens de plechtige heropening van de Onze-Lieve-Vrouwekathedraal in Antwerpen, 1984 (na de restauratie van de kathedraal, en in aanwezigheid van de toenmalige koning Boudewijn en koningin Fabiola, gouverneur Andries Kinsbergen van de provincie Antwerpen, Hugo Schiltz, Gaston Geens, minister-president van de Vlaamse Executieve, ...)

Bron: Aartsbisschoppelijk Archief, Mechelen

"MET EUTHANASIE ZITTEN WE IN EEN ANDERE BESCHAVING, VAN MENSEN DIE ZICH BOVEN ANDEREN KUNNEN STELLEN"

Kardinaal Suenens had Boudewijn ook niet kunnen beïnvloeden in verband met de abortuswet?
Ik ben er zeker van dat het een persoonlijke beslissing was, die de koning in eer en geweten genomen heeft na te hebben gebeden. 'Ik heb dat zo beslist'. Wat dat betreft was Boudewijn een rechtlijnig man, zeer rechtlijnig.

Is dat zijn 'geheim' waarover u het had in uw homilie op zijn begrafenis?
De journalisten hebben dat begrepen alsof er iets secreets was aan Boudewijn, bijna franc-maçonachtig. Ik heb het woord 'geheim' gebruikt als de kern van zijn persoonlijkheid, maar niet dat er daar duistere dingen achter zaten.

Maar u zei letterlijk: 'Ooit zullen de mensen de hand aan de mond slaan zoals de honderdman en zeggen, deze man was waarlijk een rechtvaardige...'
Dat is het geheim van zijn lijden. Ik denk dat men er zich geen rekenschap van geeft hoezeer die man geleden heeft. Zijn gezondheid, zijn familie, alles wat er in het land gebeurde... Ik denk dat hij ontzaglijk geleden heeft. Hij liet dat niet merken, aan mij ook niet. Maar dat is de betekenis van zijn geheim.

Er is even sprake van geweest dat men Boudewijn zalig wilde verklaren. Zijn daartoe stappen gezet?
Geen officiële. Zolang koningin Fabiola leeft, is het moeilijk om een proces te beginnen. Als mensen mij schrijven over een genade die ze bekomen hebben door voorspraak van Boudewijn, wordt dat allemaal verzameld. Maar tot nog toe hebben we geen enkele officiële stap gezet om een zaligverklaringsproces te starten.

En zijn er al wat mensen die schrijven dat ze een gunst bekomen hebben door bemiddeling van Boudewijn?
Echte mirakels zijn dat niet. Het zijn meestal gunsten. Dat houden we bij in een dossier.

En verdient Boudewijn het te worden opgenomen in het korps van de gelukzaligen?
Ik meen van wel en om verschillende redenen. Voor zijn gebedsleven en omdat hij door en door rechtschapen was. Het was een zeer gevoelige man, met een groot gevoel voor zijn medemens. Vooral voor de kleinen en de armen en voor wie door het noodlot werd getroffen. Hij had 'een hart van koekenbrood'. Maar hij liep er niet mee te koop. Kardinaal Suenens kon daarover vertellen en in zijn boek over Boudewijn doet hij dat ook. Boudewijn leefde heel erg mee met mensen die ongelukkig waren.

Was het een goede zaak, dat boek van kardinaal Suenens over Boudewijn?
De Kardinaal had me eens verteld dat hij zijn memoires zou schrijven over Boudewijn. Maar, zei hij, ik zal ze niet publiceren zolang ik leef. Na mijn dood krijg jij het manuscript en je doet ermee wat je wil. Op een dag belt hij mij: kom je vanavond? Ik zei ja. Ik zag hem zowat om de veertien dagen. Ik kom bij hem binnen en hij toont me twee gedrukte boeken over Boudewijn, in de twee landstalen. Ik stond perplex. Ik vertelde hem dat we dat zo niet overeengekomen waren, maar hij scheen zich niet goed meer te herinneren wat hij mij beloofd had.

Was de kardinaal nog wel goed bij de zaak, of werd hij aangespoord door zijn entourage?
Dat denk ik niet. Het was zijn idee. Ik geloof dat hij mij een paar weken later gezegd heeft: misschien had ik sommige dingen beter niet geschreven. Maar de mensen moeten toch weten wie Boudewijn werkelijk was.

Gaat u soms nog op de koffie bij koningin Fabiola?
Nee, zelden. Het gebeurt wel eens een keer dat ze mij iets wil vragen. Maar we hebben geen grote '*colloques singuliers*'. 't Is een goed mens, hé! Maar ik ga daar niet regelmatig.

Het is veeleer de koningin die bij u aanklopt?
Zij belt soms met de boodschap dat ze mij iets moet vragen.

“*Mensen van nu zijn erg gesteld op hun vrijheid: 'Men moet mij niets opdringen.' Maar dat hoeft toch niet te betekenen dat men het niet mag aanzeggen. Het evangelie slaat een mens niet in de boeien, maar maakt juist vrij. Hoe is iemand immers vrij om te kiezen als men hem het menu onthoudt? Geen keuze zonder keuzemogelijkheden.*
Die hunker naar de eigen vrijheid brengt met zich mee dat vandaag de apostel nieuwe vormen van verkondigen zal moeten vinden. Zo zal de hedendaagse apostel zich veeleer moeten inspannen om goed te getuigen dan om te overtuigen. Bovendien primeert de levenswijze van de apostel vaak nog op het woord dat hij spreekt.
Hij weet dat zijn woorden moeten stoelen op woordloze uitstraling. Er bestaat immers een "verkondiging door uitstraling" zoals een kachel doet door haar warmte en een kaars door haar licht.
Onze tijdgenoten raken ook beter overtuigd door eerder te horen spreken over mogen dan over 'moeten'. Dat is trouwens ook de juiste volgorde: eerst komt de Blijde Boodschap, daarna de moraal.

Uit ‘Een Blijde Boodschap’, Kerstbrief kardinaal Danneels 2006 ”

VI BALANS EN PERSPECTIEVEN 1991-2009

In 1991 wordt in Vlaanderen voor de allereerste keer een soap uitgezonden op de televisie: 'Familie' op VTM. Loopt nog altijd. Kijkt u wel eens naar een soap?
Nooit. Het is niet uit principe, omdat ik niet wil kijken. Het is omdat ik 's avonds bijna nooit thuis ben. En kijken naar een heruitzending doe ik ook nooit. Maar ik volg dat via de zusters hier in huis. De avonturen van priester Walter heb ik zo lange tijd gevolgd. Hij is geloof ik gestorven nu.

Maar als u televisie kijkt, voor welk soort programma's gaat u dan zitten?
'Koppen', 'Terzake', of op RTBf 'Controverses' of 'Face à la presse'. Of op zondagmiddag voor een film die ik gemist heb. In de zalen kan ik toch nooit gaan kijken. Ik zie films altijd twee, drie jaar later op de televisie of op DVD. Ik kijk heel weinig tv.

U hebt ook niet veel tijd om het nieuws te volgen?
Ik luister altijd op de radio in mijn auto en 's ochtends begint mijn dag met de kranten.

Een ander modern medium is de computer. Zit u daar vaak achter? Waarvoor gebruikt u die?
Om te mailen vooral. Om de korte inhoud van kranten te lezen. Op *deredactie.be* van de VRT kun je om de tien minuten nieuws lezen. Om echt te surfen op het internet, daarvoor heb ik te weinig tijd. Maar als ik een woord tegenkom dat ik niet ken, zoek ik het op. Dan tik ik dat in op Wikipedia.

U kent de weg, hoor ik!
Ja,ja. Vorige week zei iemand: 'Gisteravond is mijn jongste dochter thuisgebleven tot al de 'siblings' thuis waren'. Dat woord had ik nog nooit gehoord. En nu weet ik dat dat Engels is voor de broertjes of zusjes.

En u maakt uw teksten aan in de computer?
Altijd. Als het erg vlug moet gaan, schrijf ik het met de hand en geef ik het aan de secretaresse, want ik maak veel tikfouten. Maar ik werk toch nogal veel met de computer.

Hartoperatie

Op maandag 4 maart 1996 biedt kardinaal Danneels zich in het UZ Gasthuisberg aan voor een routinecontrole van het hart. Al snel blijkt dat de kardinaal een levensbedreigende vernauwing heeft. Hij moet meteen geopereerd worden. De ingreep maakt een diepe indruk op hem. Om hem voor altijd te herinneren aan de broosheid van het bestaan, staat de kalender op zijn bureau sindsdien vast op 4 maart 1996, de feestdag van de heilige Casimir.

Ook kerkleiders lijden onder stress en drukke agenda

BRUSSEL – Een drukke agenda, nationale en internationale verplichtingen, veel reizen en een flinke portie stress laten ook een kerkleider niet onberoerd. Kardinaal Danneels voelde zich de voorbije maanden niet zo fit. Toch waren er geen tekenen die erop wezen dat hij onmiddellijk moest worden geopereerd, toen hij maandag voor een hartonderzoek naar het universitaire ziekenhuis Gasthuisberg in Leuven trok. Maar de kwaal bleek ernstiger dan gedacht en de artsen gingen na hun onderzoek over tot een operatie omdat het risico op een hartaanval reëel werd geschat.

De cardioloog die de kardinaal onderzocht was prof. Frans van de Werf. De coronaire bypassoperatie werd uitgevoerd door een chirurgisch team onder leiding van prof. Paul Sergeant. Tijdens een dergelijke operatie worden stukjes slagader uit de borstkas van de patiënt gebruikt om diens vernauwde kransslagaders te overbruggen. Het bloed wordt bij die coronaire arteriën als het ware plaatselijk omgeleid.
(...)
"De kardinaal werkte de voorbije weken en maanden zijn agenda volledig af," vertelt Toon Osaer, perschef en woordvoerder van Danneels. "Er was geen sprake van acute gezondheidsproblemen. Wel klaagde hij soms dat hij zich niet fit voelde. Dat algemeen gevoel en nu en dan wat moeilijkheden met de ademhaling, waren signalen dat er iets misliep. Toch waren wij niet voorbereid op een operatie."
Als aartsbisschop van Mechelen-Brussel, voorzitter van de Belgische bisschoppenconferentie, lid van diverse Vaticaanse raden en commissies en internationaal voorzitter van de vredesbeweging Pax Christi, had Danneels een bijzonder drukke agenda. Hij schuwde het zware werk niet en stelde niemand graag teleur. Toen hij in 1993 in deze krant terugblikte op zijn voorbije tien jaar als kardinaal, vertelde hij: "Velen zeggen mij dat ik een zware job heb. Welnu, ik heb zoveel te doen dat ik nauwelijks tijd heb om daarover na te denken."
(...)
Hoewel de duur van de herstelperiode nog niet vaststaat, worden alle afspraken en activiteiten van de kardinaal voor de komende weken afgezegd. Daardoor gaat een geplande reis naar de Verenigde Staten niet door. Danneels was er uitgenodigd voor een reeks lezingen.

Bert Claerhout/ Hilde Van den Eynde - *Uit 'De Standaard' van 6 maart 1996*

"HET LEVEN IS EEN CADEAU GEWORDEN, GEEN RECHT MEER."

Weet u wat skypen is?
Ja, ik kan telefoneren via mijn computer, maar ik gebruik het bijna nooit.

Het zou misschien een interessant middel zijn om met uw collega's bisschoppen te communiceren?
Maar die zijn nooit thuis! Die zijn altijd onderweg.

Misschien zelfs met de paus!
Ik denk niet dat de paus op skype zou reageren. Niet zijn genre, denk ik.

Maar het gebeurt soms dat u e-mails stuurt naar collega's?
Er is een drukke correspondentie onder de bisschoppen, van e-mails en teksten. Ik krijg elke dag zeker 30 tot 40 e-mails. Niet allemaal van de bisschoppen. En ik stuur er zeker evenveel weg. En sms'jes! Voortdurend.

Dus de moderne communicatiemedia...
hebben geen geheimen meer voor mij. Soms kom ik bij mijn lectuur de naam van een kunstenaar tegen en vraag ik mij af: wie zou dat zijn? Leeft hij nog? Dan tik ik dat in en heb ik een volledige beschrijving van die kunstenaar. Waar hij woont, hoe oud hij is, of hij nog leeft, een stuk of wat van zijn werken. Zeer nuttig allemaal.

De nieuwsgierigheid van vader Hendrik!
Die zit er nog volop in. En mocht ik meer tijd hebben, ik zou mijn nieuwsgierigheid nog meer uitleven!

4 maart 1996. Herinnert u zich die datum nog?
4 maart, het feest van de heilige Casimir. Een noodlottige datum. Mijn kalender blijft op die dag staan. De dag van mijn operatie. Overbruggingen.

Wat doet dat met een mens, zo'n overbrugging?
Dat maakt u anders. Bij mij ging dat nogal vlug. Ze katheteriseren mij en ze zeggen: de hoofdslagader boven uw hart is voor zoveel procent verstopt. Bij de minste emotie kan die dichtknijpen en krijgt u een hartstilstand. Een uur later lag ik op de operatietafel. Alles verandert.

Kardinaal Danneels in de tuin van het bisschopshuis.

Foto: Frank Bahnmüller

Dacht u op dat moment: mijn uur is geslagen?
Ja, ik dacht dat het gedaan was. Maar voor de operatie kwam er nog even een verpleegster langs met wat Valium en die zei: 'We doen er hier in het universitair ziekenhuis Gasthuisberg zowat 1.000 per jaar'.

Hebt u de indruk dat u nu in blessuretijd speelt?
Nee. Anders.

Hebt u het gevoel dat u er zonder de moderne wetenschap niet meer zou zijn?
Als je het zo bedoelt, ja. Ik was weg. Zonder de cardioloog en de chirurg was ik zeker nu niet meer in leven.

Vervult u dat met dankbaarheid?
Dat maakt mij anders. Voor de operatie werd ik 's morgens wakker en ik zei: ik leef! En natuurlijk leef ik, wat zou ik anders doen, het is mijn recht. En als ik nu wakker word, zeg ik: ik leef nog en ik ben er dankbaar voor. Het leven is een cadeau geworden, het is niet langer een recht. En tijdens het herstel leer je veel beter je relativiteit inzien. Je bent niet onvervangbaar, er zijn er nog die dat zouden kunnen. Je kunt niet alles. Je ziet de dingen ook beter. Als ik voor mijn operatie in de tuin een gezondheidswandeling deed, zag ik niets. Nu ken ik elke bloem, elke boom, elke vogel. Ik zag niet hoe mooi de tuin wel was. Nu is de tuin een cadeau.

Leeft u nu gezonder?
Ik leef zeker gezonder nu. Ik let op mijn lijn, op mijn voeding, op cholesterol. Ik let daar sterk op.

U voelt zich niet ziek?
Ik voel mij heel goed, maar de motor zit van binnen, hé! Je kunt niet weten wat hij doet.

Als op 5 juli 1996 het schaap Dolly geboren wordt, het eerste gekloonde schaap, valt dat ook onder de noemer 'een andere beschaving' waaronder u abortus en euthanasie plaatst? Vindt u dat ethisch ook niet kunnen?
Ik vind dat *l'apprenti sorcier* - leerling-tovenaar. Heeft het enig belang? Het zou kunnen dat ik het niet weet. Dat klonen vind ik toch spelen met de natuur. Waartoe gaat dat leiden? Ik denk niet tot veel goeds. Dat gaat er bij mij niet in. Ik wil in elk geval geen kloon van mij! En dat brave schaap, dat mogen ze dat beest toch niet aandoen! Nee, het is een richting in de wetenschap die mij eigenlijk niet veel interesseert. Het

heeft meer te maken met kunstjes doen, zo van 'zie eens wat ik kan!' Dat doen alleen pubers van tien tot veertien jaar.

Dus ook alles wat genetisch gewijzigd is, zegt u eigenlijk niet veel?
Ik ben daar bang voor, omdat ik ook niet goed inzie waartoe het leidt en in hoeverre het de mens aantast. Het genetisch behandelen van gewassen om de voedselproductie te verhogen en de honger te bestrijden, dat kan er bij mij wel door, als het tenminste geen andere nadelige gevolgen heeft. Maar ik heb daar toch problemen mee. Je kunt van de mens een echt laboratorium maken, maar is hij daardoor meer mens geworden?

Het past natuurlijk allemaal in de kraam van de maakbaarheid van de schepping.
Daar ben ik niet van overtuigd, dat de mens helemaal maakbaar is. Deels is hij dat wel natuurlijk, maar er zijn grenzen. In de toekomst zal het voor de Kerk, die met al die experimenten zal worden geconfronteerd en daarin een ethische lijn zal moeten behouden die waarborgt dat de mens mens zal blijven, niet makkelijk zijn!

Hebt u de indruk dat de Pauselijke Academie voor Wetenschappen goed werk levert?
Die indruk heb ik inderdaad. Ik ben een beetje bang voor de leerling-tovenaars die risico's nemen. De mens verbeteren, ja, maar de mens fundamenteel manipuleren, dat zal zich wreken, hé. Stel dat ze erin slagen een mens te fabriceren die 150 jaar oud kan worden, zal die dan ook meteen gelukkig zijn? Ik denk het niet. Het is niet wat men kan met de mens, dat het laatste woord is. Het is: wat is er goed voor de mens.

U wil dus geen honderd worden?
Honderd zou nog gaan. Maar dan nog, ik wil bij wijze van spreken geen grootvader aan de haard worden die over niets anders spreekt dan over de Tweede Wereldoorlog.

Maar stel dat u bij uzelf tekens van dementie vaststelt. Dat zou verschrikkelijk zijn voor iemand die met zijn hersens leeft zoals u.
Ik denk dat dat verschrikkelijk is.

Maar u zou het hoe dan ook aanvaarden?
Ik denk het, ja. En ik hoop dat ik mijn mening daarover nooit zal herzien. Dat is inderdaad een van de grote problemen. Vele ziekten hebben we overwonnen, maar dementie zijn we nog niet de baas.

Maar toch is het volgens u geen heldendaad om op dat moment om euthanasie te vragen?
Nee.

Iedereen moet de rit uitrijden?
Je moet je leven teruggeven zoals je het gekregen hebt, dat wil zeggen in een zekere gehoorzaamheid. Dat je mag leven, een cadeau dat je krijgt uit de handen van God, dat maak je toch niet kapot na 90 jaar? Wie gooit er nu een gekregen vaas stuk? Ik toch niet.

Maar u kunt zich natuurlijk wel voorstellen dat mensen die ongelovig zijn uw mening niet delen?
Ik kan het mij voorstellen en ik zou ze ook nooit veroordelen. Ik respecteer hun persoonlijke keuze, maar dat wil niet zeggen dat ik ermee instem. Ik stem in met hun vrijheid, maar niet noodzakelijk met wat zij in vrijheid kiezen. Dat is een andere zaak. Ik heb trouwens ook nooit iets gezegd over Hugo Claus zelf. Dat was een beslissing van hem en ik respecteer die. Het is niet de mijne en ik ga er niet mee akkoord. Het ging trouwens niet daarover. Het ging over het feit dat men zijn dood voorstelde als dé heldhaftige daad. Allen daarheen en doe het ook!

De mediatisering en het feit dat men het als propaganda heeft gebruikt?
Het werd bijna exemplarisch gesteld en ik denk dat er betere exempels zijn.

Het zat u wel dwars, hé?
O, het zat mij dwars.

Wat vindt u van de christendemocratische politici die de wet goedgekeurd hebben?
Ze volgen hun geweten, maar dat wil niet zeggen dat ik akkoord ga met wat ze doen. Ik ben van mening dat je logisch moet blijven; het geloof is geen bovenbouw waar je op Pasen of Kerstmis mee bezig bent. Gelovig zijn heeft zijn gevolgen. Ze hadden zich kunnen onthouden bij de stemming, maar normaal gesproken hadden ze moeten tegenstemmen.

Zich onthouden is wellicht minder moedig?
Inderdaad, omdat je dan niet moet laten zien wat je werkelijk denkt.

Waarvoor bent u in de toekomst het meest beducht op religieus vlak?
Dat zijn veel dingen. Dat de mens evolueert naar een toegeklapt wezen. Een wezen dat helemaal narcistisch wordt, naar zijn eigen navel staart en zijn eigen klein geluk en geen enkel perspectief meer heeft op de andere en op de toekomst. Het dichttrekken van het gordijn van de hemel. En die hele onzichtbare wereld ofwel doodzwijgen, ofwel niet eens meer zien.

Gaat het die richting uit?
Dat zou ik niet durven te zeggen. Ik denk dat er nu een grotere belangstelling is voor het '*au delà de l'horizon*' en voor de onzichtbare wereld dan bijvoorbeeld in de jaren tachtig. Dat was toen het einde van de religie, hé. Maar dat is dus absoluut niet meer waar. Op Goede Vrijdag 1966 stond er op de cover van Time 'Is God dood?'. En enkele jaren later (26 december 1969, nvdr) stond op dezelfde cover '*Is God coming back to life?*'. En het is eigenlijk wel zo. Het religieuze krijg je niet kapot. Het gevaar is, dat het religieuze niet meer het echte religieuze zou zijn. Dat men zich bezighoudt met satanisme en esoterisme en ik weet niet wat allemaal. Dat is ook een stuk religiositeit, maar het kan de mens stukmaken.

Het feit dat er weinig roepingen zijn, bij de religieuzen bijna geen, baart u meer zorgen dan de lege kerken.
Lege kerken zijn heel erg natuurlijk. Ik denk dat de bloei van de godsdienst voor een deel afhangt van het aantal roepingen. Niet zozeer omdat de Kerk aldus over meer personeel beschikt, dat is een tweede zaak, maar omdat het gaat over mensen die hun hele leven radicaal voor altijd en totaal wijden aan het geloof. Dan kookt de melk over, hé. De zaak waarvoor niemand nog wil sterven, is zelf al dood. Priester worden of religieus is toch een beetje sterven voor een onzichtbare zaak.

Sterven aan de wereld...
Ja en uw leven helemaal inzetten. Als daarvoor niemand meer wordt gevonden, dan betekent dat, dat het gehalte aan geloof zo klein is, dat het geloof steriel is geworden. Het zet zich niet meer voort. Het is gewoon...uit.

Is dat de grootste uitdaging voor uw opvolger?
Het begint met evangelisatie. Een sterke evangelisatie naar de diepte. En dan volgen daaruit wellicht roepingen. Maar geen kaders om in elk hokje

een duif te kunnen steken. Dat is een tweede zaak. Eerst moet je zorgen dat je mensen hebt die zo gelovig zijn, dat daaruit vanzelfsprekend mensen voortkomen die zich voor altijd en helemaal en compleet aan het geloof willen wijden. Dat is voor mij de opgave.

Ondanks het feit dat u alle moderne media met veel bravoure bespeelt, heeft u toch niet kunnen tegenhouden dat de secularisatie hier enorm heeft toegeslagen.
Nee, en als ik straks doodga moet ik aan God vragen: wat heeft dat allemaal betekend?

Misschien was het niet tegen te houden?
Wel, ik denk dat een kapitein van een schip ook niet de golven kan beïnvloeden. Ze komen en ze gaan en je kunt niet zeggen: nu moet er eentje komen. Maar wat kan hij wel? Varen op de golven. Welnu, de tijd evolueert in golven die je niet beheerst. Maar je moet wel kunnen sturen. Ik heb geprobeerd om te sturen. Dat is gegaan of niet gegaan. Kardinaal Suenens zei: we kunnen niet kiezen van welke kant de wind komt, maar we kunnen wel onze zeilen richten. En eigenlijk is dat waar. Je kunt niet kiezen, maar je kunt wel je zeilen richten. Ik heb geprobeerd om dat te doen.

Maar toch bent u positief ingesteld. U zegt: wij zitten op een keerpunt, we klimmen uit het dal.
We bevinden ons op een keerpunt. Zo kan het niet verder. Je ziet het ook al gebeuren. Bij kleinere groepen in Frankrijk, bij de nieuwe bewegingen en zelfs in Nederland. Men slaat natuurlijk veel op de Kerk haar kop, zeker in ons land, de media geven geen cadeaus. Maar als je altijd op iemands kop slaat, dan wordt hij een martelaar, en een martelaar is altijd sympathiek. Hij haalt het.

Waarop bent u het meest trots?
Er is eigenlijk niets waar ik uitgesproken trots op ben. Als er iets is om trots op te zijn, dan is het dat ik altijd gedaan heb wat zich aanbood. Ik heb eigenlijk nooit mijn eigen wil doorgedreven. Dat kan van de paus komen, als je bisschop benoemd wordt; dat kunnen ook heel veel andere dingen zijn. Ik heb altijd gedacht: 'Je bent een gelukkig mens als je 'ja' kunt zeggen'. Voor mij is dat een reden tot vreugde, dat ik ja heb mogen

zeggen. Dat ik geen karakter heb dat gemakkelijk en bijna spontaan zegt: nee, dat doe ik niet. Maar er is ook een keerzijde. Eigenlijk kun je niet weigeren. Als ik op iets trots ben, is het, dat ik in mijn leven weinig dingen geweigerd heb, tenzij wat kwaad was.

Mag ik het zo samenvatten, dat u trots bent op uw dienstbaarheid?
Ja. Acht de andere hoger dan uzelf, naar het woord van Paulus.

Kunt u geen 'neen' zeggen?
Inderdaad, en dat bakt mij natuurlijk regelmatig een poets. Onder andere levert me dat een overvolle agenda, waar zo veel op staat, dat je het gewoon niet kunt halen om op tijd te zijn.

Voelt u zich overvraagd, zoals de meeste clerici nu?
Ik voel me een beetje overvraagd, alhoewel ik toch wel een luxepaard ben, omdat ik secretaressen heb die veel voor mij oplossen. Moest ik dat allemaal alleen moeten doen en zelf beheren! Alle praktische dingen worden voor mij opgelost. Ik hoef niet te telefoneren om afspraken te maken, ik kan me louter bezighouden met mijn werk als bisschop. Zonder veel administratie en eigenlijk zonder mijn agenda te hoeven nakijken, de telefoon te moeten aannemen. Ja, ik ben eigenlijk een luxepaard.

Een bisschop is in de eerste plaats een pastorale herder. Hebt u daar voldoende tijd voor?
Je hebt nooit de tijd en zeker ik niet, met zo een groot bisdom, om altijd aanwezig te zijn op het terrein. Omdat ik daarbij ook nog de leiding van de bisschoppenconferentie heb, de contacten met Rome, de contacten met de staat, met de media. Je kunt eigenlijk niet onder de mensen zijn zoals een herder bij zijn schapen is. Maar het herderschap bestaat niet alleen in het feit dat je erbij bent; het herderschap bestaat er ook in dat je ervoor zorgt. En dat zorgen ligt niet altijd in de onmiddellijke fysieke nabijheid.

Op welk terrein zou je bijvoorbeeld actiever willen zijn?
Vooral op dat van de prediking en de evangelisatie. Meer de gelegenheid scheppen om direct te spreken over wat mij aan het hart ligt en wat hen aan het hart ligt. Het Woord.

Omdat evangelisatie in deze context en in dit land extreem van belang is?
Omdat het in de hele geseculariseerde westerse wereld belangrijk is. En zeker omwille van de ontbossing van het geheugen bij de christenen. Men weet eigenlijk nog zeer weinig over zijn achtergrond. Welnu, geschiedenis en traditie kun je maar bijbrengen door het woord. Dat woord moet gezegd worden, je vindt dat niet in je eigen koker. En ook

de hele confrontatie met de hedendaagse cultuur is eigenlijk grotendeels een woordconfrontatie.

En daaraan zou u actiever willen meewerken?
Ja. Het geloof verkondigen in de huidige culturele, sociale en menselijke context, dat lijkt me... het updaten van de Boodschap.

Een heel moeilijke context...
Bijzonder moeilijk.

Staan de mensen nog open voor de Boodschap?
Ik denk het. Tenminste als je die authentiek verkondigt, als je zelf glashelder wordt, als je geen verborgen agenda hebt, zodat ze zeggen: wat wil hij eigenlijk? Ten tweede, als je het kunt zeggen met een zekere deemoed. De Fransen zeggen: *ne pas imposer la foi, mais proposer la foi*, (het geloof niet opleggen, maar voorstellen, nvdr) En dat is toch een andere benadering van het verkondigingswerk dan die van enkele tientallen jaren geleden. Je 'moet' geloven is veeleer geworden: 'Wees blij, je 'mag' geloven'.

Er zijn veel verleiders op de markt, natuurlijk...
Altijd geweest, hoor. Maar nu bijzonder veel vanwege het feit dat de markt van de nieuwsvoorziening zo overvloedig en de keuzes zo talrijk geworden zijn, dat het veel moeilijker is om een keuze te maken. Je moet helpen kiezen, dat wil zeggen helpen uitleggen waarover het gaat.

Moet de Kerk andere wegen bewandelen dan de wegen die ze totnogtoe bewandeld heeft bij het verspreiden van de Boodschap?
Ongetwijfeld, maar het is niet zo een zwart-witverhouding. 'Niets meer van wat we vroeger gedaan hebben, alles moet nieuw', daarin geloof ik niet. De Kerk is een organisme dat groeit; dat wordt niet omgebouwd zoals je een huis afbreekt en dan weer opbouwt. Een organisme groeit, dat betekent: het is altijd nieuw en vers, maar het komt uit dezelfde bron.

Slaat de schrik u niet om het hart als u ziet dat u hoe langer hoe minder medewerkers hebt om de Boodschap te verkondigen? Dat u er straks misschien bijna alleen voor staat?
Goh, heel alleen zul je er nooit voor staan. We zijn met Eén begonnen, hé? En dan nog op een kruis. Zover zijn we eigenlijk nog niet, maar toch maak ik me ernstig zorgen: Heer, hoe zal dat geschieden?

U begint zich toch vragen te stellen ...
Ja, natuurlijk!

Op 7 augustus 1993 spreekt Godfried Kardinaal Danneels, aartsbisschop van Mechelen-Brussel, tijdens de begrafenis van koning Boudewijn een merkwaardige homilie uit. Daarin heeft hij het over “het mysterie van Koning Boudewijn”. Iedereen kan zien dat de kardinaal bij het uitspreken van deze woorden duidelijk ontroerd is. Velen zien hierin een verwijzing naar een mogelijke zaligverklaring van de overleden vorst, maar dat wordt door de kardinaal ontkend. In ons gesprek heeft hij het wel over “de passie van Boudewijn”.

Een koning naar het hart van God

homilie tijdens de begrafenis van koning Boudewijn
Was hij een Koning naar het hart van de mensen - naar ons hart -, dan was hij evenzeer een Koning naar het hart van God. In de toekomst zullen velen ongetwijfeld zijn portret schetsen en de geschiedenis van zijn koningsschap schrijven. Maar zullen ze "het geheim van de Koning" vinden? Want hij had zijn geheim: dat was zijn God, die hij hartstochtelijk liefhad en door wie hij zeer werd bemind.

Onder het lover van zijn publieke en politieke activiteiten, stroomde een kalme en verborgen bron: zijn leven-in-God. Het gebed, de dagelijkse eucharistie, het lezen van de Schrift, zijn liefde voor de Maagd Maria, de boetvaardigheid: dat zijn verborgen bronnen die de stroom van zijn bestaan hebben gevoed. Terwijl hij de mensen diende, hield hij niet op aan God te denken. In het aangezicht van elke mens waarmee hij in contact kwam, herkende hij het gelaat van Christus. De dag komt waarop dit geheim, dit mysterie van Koning Boudewijn aan het licht zal komen. Ik hoop het. Dan zal de hele wereld van verbazing de hand aan de mond slaan en zoals de honderdman onder het kruis zeggen: "Deze man was waarlijk een rechtvaardige" (Lc 23, 47).

De Koning heeft er nooit een geheim van gemaakt dat hij diep geloofde. Maar hij heeft er zich nooit op beroepen om op onrechtmatige wijze anderen, die dit geloof niet deelden, naar zijn hand te zetten. Zijn zin voor rechtvaardigheid, zijn objectief oordeel, een groot respect voor alles wat goed, waardevol, menselijk, eerlijk of nuttig is, werden door iedereen geapprecieerd. Hij wist immers dat het geloof een gave is om de mensen meer te dienen en geen wapen om zich te doen gelden.

Gelukkig het volk met een dergelijke Koning.

Zijn er zaken waarvan u echt spijt hebt? Waarvan u zegt: dat zou ik nooit meer doen?
Ik weet het niet...

Of waarvan u zegt: ik wil niet dat dit mij nog overkomt?
O, dat wel! Bijvoorbeeld het hele pedofilieschandaal van enkele jaren geleden. Toen ik naar het justitiepaleis moest. Dat moet mij niet meer overkomen! Ook de media-indruk die gewekt is bij de verkiezing van paus Benedictus. Dat ik zogenaamd zijn tegenstander was en ongelukkig was dat hij verkozen was. Dat is onjuist maar ik ga dat meedragen tot in mijn kist. Daartegen kun je je niet verdedigen.

U voelde dat aan als manipulatie? Dat er werd gespeeld met uw persoon?
Niet meteen. Ik ben dwaas geweest dat ik aan de pers beloofd had dat ik ze meteen na het conclaaf te woord zou staan. Dat heeft mij ten eerste belet de maaltijd te gebruiken met de kardinalen en de paus. Men heeft me dus zien weglopen, niet omdat ik er niet bij wilde horen, maar omdat ik een interview aan de journalisten beloofd had. En dan: ik was doodmoe! Mijn lichaamstaal was niet de taal van iemand die enthousiast was. Ook dat wil ik niet meer meemaken.

Indien het leven te herbeginnen was, zou u dezelfde weg kiezen met wat u nu weet?
Ik weet niet of het concreet dezelfde weg zou zijn, maar het zou dezelfde auto zijn waarmee ik rijd. Ik zou opnieuw ja-zeggen. Wat men van u vraagt op een redelijke manier, doe het.

Zou het nog zo gemakkelijk zijn om priester te worden als toen?
Nee! De hele omgeving hielp ons. In mijn dorp was iedereen katholiek, tot de kippen toe! Ik zeg niet dat het daarom is dat ik priester geworden ben. Het zat veel dieper. Maar er was in elk geval dat draagvlak rondom je waarop je je roeping bouwde. Dat is evident.

Betreurt u dat die steun is weggevallen?
Helemaal niet. Ik betreur nooit historische gebeurtenissen. Dat zijn feiten en die veranderen nu eenmaal niet. Men kan priester worden in zeer diverse omgevingen. De omgeving is niet bepalend, maar kan wel een handje helpen. Soms is de context ongunstig om een roeping te volgen. Maar ik rouw nooit om het verleden. Ik zeg ja tegen wat zich vandaag aandient.

En had u voor dezelfde zending gekozen? U had bijvoorbeeld monnik kunnen worden?
Ja. Dat kan ik trouwens nog. Maar ik vrees dat men mij in geen enkel klooster zou willen! Ik zou hen op kosten jagen. Het is natuurlijk zeer moeilijk te zeggen wat ik vandaag zou doen als 18-jarige.

Bent u niet te actief, teveel een doe-mens om een beschouwend kloosterleven te gaan leiden?
Nee. Op het eerste gezicht denkt men dat van mij. Maar eigenlijk ben ik een monnik. En ik heb spijt dat ik amper de meubels van de contemplativiteit kan redden uit de drukte van mijn actieve leven. Maar ik kan me vergissen. Het zou kunnen gebeuren dat over enkele maanden, als ik geen aartsbisschop meer ben, dat ik dit leven begin te missen.

Zou u dan een abdij kiezen waar bier gebrouwen wordt?
Zeker niet voor het bier, maar het kan een bijkomende reden zijn.

Het overlijden van uw moeder. Hoe hebt u dat ervaren?
Dat heeft mij diep geraakt. Ze lag negen weken lang in een coma. Die negen weken heb ik haar elke dag een bezoek gebracht. Je hebt een binding met je moeder als je priester bent, dat is evident. Maar je hebt zoveel werk dat je ook niet kunt blijven treuren bij de dood van je moeder.

Negen weken zonder communicatie met haar?
Nee, ze kon niet spreken. Ze hoorde en verstond alles, was helder van geest, maar haar spraak was verlamd.

Het was ongetwijfeld een zeer rijke ervaring. Een moment in het leven waarop men afstand moet kunnen nemen. Maar u hebt haar dus nog alles kunnen zeggen wat u wou...
Ik heb alles kunnen zeggen. En ze knikte, dus ik kon wel een beetje weten wat ze wou zeggen. Bij de dood van je ouders aanwezig kunnen zijn, is belangrijk om de generaties met elkaar te verbinden. Op dat moment 'gebeurt' er iets. Nu, ik was niet bij de dood van mijn vader. Hij is overleden in het Imelda-ziekenhuis in Bonheiden. Ik was op bezoek in de kazerne van Wilrijk, toen ik te midden van dat bezoek gebeld werd: uw vader is overleden. Ik moest daar blijven; ik kon niet meteen naar hem toe.

Het kwam onverwacht?
Hij had een aneurysma (met bloed gevulde zwelling of uitstulping, ten gevolge van een breuk of verslapping in een slagader of aan de hartkamers, nvdr.) Hij is nog geopereerd, maar hij was niet meer te redden.

"JE HEBT EEN BINDING MET JE MOEDER ALS JE PRIESTER BENT"

Heeft zijn dood u minder geraakt dan die van uw moeder?
Voor hem voelde ik veeleer bewondering, respect, ontzag, dankbaarheid. Voor mijn moeder was het een heel ander register; van affectiviteit en emotie. Voor haar voelde ik een ander soort liefde.

Straks begint uw oude dag...
...die is al begonnen!

...hoe denkt u zich te gaan organiseren?
Dat weet ik niet. Ik heb wel een plannetje in mijn hoofd, maar ik weet niet of het zal lukken.

U hebt al een tip van de sluier opgelicht...
Ik ga slapen, wandelen, dingen zien die ik nooit heb kunnen zien, omdat ik er geen tijd voor had; wat niet wil zeggen dat ik verre reizen zal ondernemen, dat zal er niet meer inzitten. En dan: bidden, en lezen.

En schrijven?
Ja, men zegt dat erbij, maar dat moet ik nog zien. Als je geen directe aanleiding meer hebt om te schrijven omdat je voor de mensen niet moet schrijven, dan komt het er niet meer van. Nu moet ik met Kerstmis en Pasen altijd iets schrijven, dat is een zeer krachtige beweegreden om te schrijven.

Wat doet u eigenlijk het liefst: lezen, schrijven of spreken?
Ik doe het alle drie graag. Maar eigenlijk nog het liefst schrijven. Dan kun je rustig, zonder dat je door iets wordt beïnvloed, serieuze zaken op papier zetten. Spreken doe ik ook graag, omdat je contact hebt met je gehoor. In het spreken geef je ook een stuk van jezelf, maar in het schrijven veel meer. Je fixeert het op papier. Als je spreekt, is het weg na het laatste applaus.

Beschouwt u schrijven in het kader van uw pastorale functie als een karwei?
Ja. Vooral omdat er een deadline op staat. Eens iets kunnen schrijven zonder dat je ertoe verplicht bent, zonder deadline is leuker.

Zou u journalist kunnen zijn?
O, dat zou ik graag gedaan hebben.

Ondanks de deadlines?
Omdat je dan ook niet verondersteld wordt dat je de laatste waarheid boven haalt. Op de actualiteit kunnen inspelen, met een stuk informatie die je brengt, met wat beoordeling ervan en af een toe een vleugje humor of een tikje spot.

In welke sector had u dan graag journalist willen zijn?
Niet zozeer in de politiek...

Samenleving?
Ja, de samenleving. Bijvoorbeeld: wat was dat daar in Dendermonde? (de kardinaal verwijst naar het drama in de crèche Fabeltjesland, waar op 23 januari 2009 twee baby's en een verzorgster werden doodgestoken, nvdr.) Liever een stukje erna dan op het moment van het gebeuren. Wie was Joannes-Paulus II? Wat heeft hij betekend? Wat betekent eigenlijk wat we gisteren of eergisteren hebben meegemaakt? Ik vermoed dat ik nog het liefst columns zou geschreven hebben. Maar daarvoor moet je natuurlijk een heel goede pen hebben.

Beleeft u er genoegen aan om intellectueel de degens te kruisen met iemand die van het andere gedacht is?
Ik doe dat graag. Met een 'eerlijke' niet-gelovige, die niet ideologisch gestuurd wordt. Iemand die zichzelf is. Ik doe dat graag. Ik heb het verschillende keren gedaan. Ik heb het gedaan in het publiek met Henri Bartolomeeusen, van de loge, verscheidene keren. En ook met Pierre Galand. En met zijn voorganger, Philippe Grollet.

Gaat u daar naartoe als naar een soort sportevenement?
Nee, maar als ik begin, word ik bokser. Niet voor ik in de ring stap, niet met een plan van 'ik ga hem hebben'. Maar op het moment dat het gesprek begint, ken ik noch tijd noch ruimte meer. Het is vooral zoeken naar de juiste repliek. Het moet niet alleen verstandig zijn wat je zegt, maar het moet ook juist op het gepaste moment komen. De juiste repliek te vinden, daar komt het op aan.

Hebt u goede ervaringen gehad in die loges?
Dat waren correcte mensen, moet ik zeggen. Die loges stonden open voor het spirituele. Er zijn er misschien andere ...

Alhoewel het geen reguliere loges waren. Het waren werkplaatsen van het Grootoosten?
Van het Grootoosten, ja. Maar toch met een zekere openheid. Ze moesten niet, zoals politici, de partij verdedigen. Bovendien was het in meer besloten kring.

Zou dat soort gesprekken, tussen mensen uit verschillende ideologische werelden, niet veel meer moeten plaatshebben?
Ja, maar het veronderstelt bij de gesprekspartners toch ook wel kwaliteiten. Elk machtsstreven moet afwezig zijn. Elk eigenbelang moet weg. Met andere woorden, je moet met mensen te doen hebben die over de zaak zelf, en niet over de bijkomende voor- of nadelen willen praten. En die geen dubbele agenda hebben.

Mensen met een zekere onbaatzuchtigheid?
Je moet eigenlijk te maken hebben met intellectuelen, in de goede zin van het woord.

Hoe definieert u eigenlijk een intellectueel?
Iemand die al de vermogens die hij als mens heeft cultiveert. Dus: denken, redeneren, maar ook verbeelden, affectiviteit, schoonheid, morele adel, verantwoordelijkheid, enzomeer. Maar niet iemand die puur en alleen zijn verstand laat werken. Al de vermogens moeten werken.

Geen vakidioot, dus?
Dat zijn geen intellectuelen, dat zijn vakidioten.

Met die definitie in het achterhoofd, aan wie denkt u dan spontaan?
Oh, er zijn er wel enkele! In mijn wereld zou ik zeggen: Martini. (Carlo Maria kardinaal Martini S.J. Turijn, 15 februari 1927. Emeritus-aartsbisschop van Milaan, nvdr), Lustiger (Jean-Marie kardinaal Lustiger, Parijs 17 september 1926, gestorven 5 augustus 2007. Emeritus-aartsbisschop van Parijs, nvdr) met zijn achtergrond. Een man als Kasper ook. (Walter kardinaal Kasper, Heidenheim an der Brenz, 5 maart 1933. Voorzitter van de Pauselijke Raad ter Bevordering van de Eenheid van de Christenen, nvdr)

En in de 'andere' wereld?
Einstein, en niet alleen wegens zijn wetenschappelijke kwaliteiten, maar ook om zijn menselijkheid. Naast zijn wetenschappelijke uitspraken zegt hij dingen die van een hoog peil zijn. Wanneer hij bijvoorbeeld zegt: wat is het minst begrijpelijke? Dat men de dingen kan begrijpen. Sommige schrijvers ook, maar dan essayisten.

Kan een intellectueel leven met dogma's?
Dat is afhankelijk van wat je onder dogma verstaat...

Iets wat niet meer beredeneerbaar verklaard is.
Een dogma zou ik willen vergelijken met de paaltjes die de weg afbakenen. Die zeggen je: niet te veel naar links en niet te veel naar rechts. Anders zit je naast de kwestie. Over het algemeen wordt gedacht dat de dogma's het geloof uitdrukken. Maar de meeste dogma's zijn

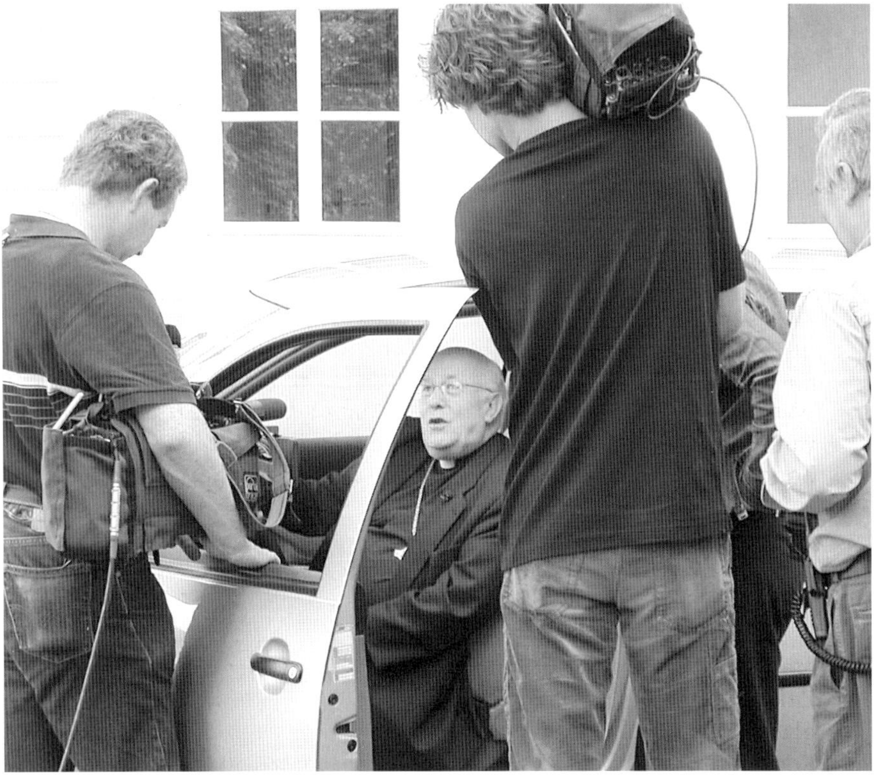

Kardinaal Danneels tijdens opnames voor een televisieprogramma met Frieda Van Wijck ("Ten huize van kardinaal Danneels", VRT) in mei 2004.

Foto: Hans Medart

simpelweg borstweringen aan weerszijden van de weg. 'Ga er niet over, of je zit buiten de waarheid'. En dan is er natuurlijk het dogmatisme, dat de waarheid vereenzelvigt met wat er in het dogma staat. Dat is zeer verarmend omdat de dogma's bijlange niet uitdrukken wat er in de Bijbel en in het geloof verteld wordt. Men maakt op die manier een skelet van het geloof, droog als been en nog onjuist ook.

U beschouwt zichzelf dus niet als een dogmaticus?
Nee. Dogmatisme is een pathologie, een ziekte.

Dat zal de paus niet graag horen!
Ik denk dat de paus het daarmee eens is. Dogmatisme is een ziekte waarvan je moet genezen. Het erge is, als men de pathologie tot gezond verklaart.

Kan het christelijke geloof bestaan zonder dogma's?
Nee, omdat je anders van de weg af geraakt. Als er links en rechts geen paaltjes staan, of als er geen lijnen getrokken zijn, dan ga je met je auto het decor in.

U hebt ze nooit als beperkend aangevoeld?
Nee. Voor mij zijn dat steunpunten, verificatiepunten. Waar ben ik? Eigenlijk is een dogma een soort GPS. Maar sommige mensen maken daar het essentiële van. Maar het essentiële is veel rijker dan dat.

Welke aspecten van het geloof zijn belangrijker dan de dogmatische?
Er zijn aspecten van het geloof die met de dogma's verband houden, natuurlijk. Neem bijvoorbeeld het Symbolum van de twaalf apostelen. Wat daarin staat, dat is voor mij de Magna Charta. En de klankkast van dat symbool is het evangelie en de Bijbel. Want het Credo is nogal bondig. Ik zeg altijd dat het symbolum van het geloof als een bruistablet is. Die is droog; je moet ze in het water gooien voor ze begint te werken. Wel, het Credo moet je in het water doen van het gebed, van de contemplatie, van de naastenliefde, van de diaconie, van de cultuur; anders blijft het een droge pil.

Met voorrang voor de Bijbel, het handboek bij uitstek?
Zeker! De Bijbel is onze grondwet, dat is evident. Voor mij is dat glashelder. En op regelmatige tijdstippen in de geschiedenis van de Kerk, moet je de dogma's onderdompelen in de rijkdom van de Bijbel. Anders drogen ze uit. Dat is wat Vaticaan II gedaan heeft.

Er zijn kortgeleden vier traditionalisten opnieuw opgenomen in de schoot van de Kerk. Ze zijn nog niet gerehabiliteerd. Mensen van wie bekend is dat ze de verworvenheden van het Concilie afwijzen. Is dat een verstandige daad geweest van die mensen weer in de communio op te nemen? Als je de gevolgen ziet lijkt het wel een koekoeksei.

Ik vind dat je niet kunt zeggen dat de zorg van de paus om de eenheid en de verzoening in de kerk te realiseren, niet goed zou zijn. Maar wat is het opheffen van een excommunicatie? Het is niets anders dan de weg van de terugkeer naar de Kerk ontdoen van rotsen en stenen zodat men kan passeren. Maar er is nog geen stap gezet! Om het anders uit te drukken: het is net als het herstellen van de telefoonlijn, maar tot nu toe is er geen gesprek geweest. Het is dus een eerste voorwaarde. De dialoog wordt mogelijk gemaakt, maar hij is nog niet hervat.

Had dat dan niet eerst moeten gebeuren? De zaak uitpraten en dan zeggen: kom er weer in?

Bisschop Fellay zou in naam van zijn bisschoppen aan het Vaticaan gezegd hebben dat hij bereid was de autoriteit van de paus èn Vaticaan II helemaal te erkennen. Ik weet niet of hij dat werkelijk gezegd heeft, maar hij wou in elk geval de Heilige Vader gehoorzamen. En daaraan hebben ze zich waarschijnlijk laten vangen. Ik denk dat ze hadden moeten verifiëren. Boter bij de vis. 'Zeg eens van Vaticaan II wat je allemaal geloochend hebt en niet aanvaardt. Zeg daarna uitdrukkelijk dat je er wel mee akkoord gaat'. En dan die fameuze zaak van Williamson. Men moet durven toegeven dat dat een blunder was. Misschien niet direct van de paus, maar toch van zijn entourage.

Temeer dat hij dezelfde uitspraken al vooraf gedaan had in Canada. Men had die dialoog beter vooraf gehad.

Persoonlijk ben ik ervan overtuigd dat ze Vaticaan II nooit zullen erkennen. Ik vrees dat de Lefebvristen een tekst zullen onderschrijven die uiterst vaag is en waarin staat dat alles wat de Kerk gezegd heeft tot en met Vaticaan I de neerslag van het geloof is en dat Vaticaan II een mooie preek is over alles wat voorafging.

Dat zou nog meer gelovigen de Kerk uitjagen.

Maar het is bovendien niet juist! Dat mag niet gebeuren! Het is natuurlijk wel zo dat de paus een voorliefde heeft voor het traditionele. Het volstaat om de liturgie in de Sint-Pieter te volgen om dat te zien. De kanten kragen zijn terug, de hoge mijters. Men heeft zelfs het kruisbeeld opnieuw op het altaar geplaatst en de paus weer mooi in het midden. Het is waar dat hij een zekere nostalgie voelt naar de oude tijd.

"HET IS NIET VERSTANDIG ZULKE DINGEN TE DOEN, HET IS ZELFS DOM!"

Sommigen zeggen ook dat hij de traditionalisten wil inlijven, omdat er bij hen nog heel wat roepingen zijn.
Maar in Afrika en Latijns-Amerika zijn er ook veel roepingen en daar zijn geen traditionalisten. In het westen wel, dat klopt. Wat mij het meest bang maakt, is dat men van de Pius X-broederschap een personele prelatuur zou maken, zoals het Opus Dei. Daar kan ik werkelijk niet in komen! Dan zou de broederschap direct afhangen van de paus en kunnen ze hun cultus en propaganda organiseren zoals ze zelf willen.

Dat zou de Kerk onnoemelijk veel schade berokkenen.
Ach, het is zo jammer! En dan die uitspraken van Williamson. Die zijn intellectueel zo oneerlijk! Een zuivere ontkenning van de geschiedenis en een belediging van de mensheid en van het joodse volk in het bijzonder.

En van het geloof!
Ik geloof dat men klaar en duidelijk moet zeggen: dit is onaanvaardbaar! Met de woorden van Tobback: 'het is niet verstandig zulke dingen te doen, het is zelfs dom!'

Welke schrijver heeft eigenlijk een diepe invloed op u gehad?
Op mij persoonlijk, maar ik ga al een hele tijd mee, heeft Bernanos de meeste invloed gehad. En vooral zijn 'Dagboek van een dorpspastoor'. Maar ook al de rest dat hij geschreven heeft: 'Onder Satans zon', 'De Vreugde'. Niemand heeft de priester zo goed begrepen als Bernanos. Het mysterie van de priester 'die lijdt zoals Christus', dat is buitengewoon.

Herkende u zich in 'Dagboek van een dorpspastoor'?
Niet tot op het einde van zijn leven, waar de pastoor aan tbc sterft. Maar ik vind dat er prachtige scenes in staan. Die uitgetreden priester die bevriend blijft met de priester die gaat sterven. De laatste nacht geeft hij zijn bed aan de zieke priester die zal sterven in het bed van de afvallige. Als de andere 's morgens binnenkomt en zijn dode vriend ziet liggen zegt hij: 'Alles is genade'. Dat laatste woord: je moet het toch maar vinden, hé! Bernanos vind ik een heel grote schrijver. Maar ja, ik ben heel slecht opgevoed in de literatuur. Op het college was de Nederlandse literatuur van een abominabel niveau! Dat was eigenlijk geen literatuur. Behalve Gezelle. In ons handboek 'Zuid en Noord' - door jezuïeten gemaakt - stonden alleen uiterst vervelende dingen die wij niet graag lazen. Wij

Tweede bezoek van paus Joannes-Paulus II aan België

Op 3 juni 1995 bezoekt paus Joannes-Paulus II voor de tweede keer België. Het doel van zijn reis is de zaligverklaring van pater Damiaan. Het tweede bezoek kan niet het enthousiasme opwekken van het eerste, tien jaar eerder. De paus is fysiek erg achteruitgegaan en niet meer de levenskrachtige figuur die in mei 1985 tienduizenden wist te bezielen. Bovendien is het bezoek met een jaar uitgesteld, omdat de paus zijn dijbeen gebroken had bij een val in de badkamer. Op Pinksterzondag 5 juni spreekt de paus de zaligverklaring uit op een uitgeregende vlakte van Koekelberg. Na 27 uur vertrekt Joannes-Paulus terug naar Rome.

Paus verrast met hulde aan koning Boudewijn

DERTIGDUIZEND GELOVIGEN TROTSEREN STORTREGENS OM ZALIGVERKLARING VAN PATER DAMIAAN BIJ TE WONEN

BRUSSEL – Sinds zondagmiddag heeft de katholieke kerk er een nieuwe zalige bij. Damiaan de Veuster staat voortaan op 10 mei op de liturgische kalender. Bijna dertigduizend gelovigen lieten zich door haast Hawaïaanse stortregens niet afschrikken om de plechtige zaligverklaring in Koekelberg bij te wonen. De komst van Joannes-Paulus II naar België onderstreepte het belang dat hij aan het voorbeeld van de melaatsenmissionaris wou geven. Bovendien verraste de paus iedereen door een uitzonderlijke hulde aan de overleden koning Boudewijn. (...)

Van bij zijn aankomst, zaterdagnamiddag op Melsbroek, probeerde Joannes Paulus II daar iets aan te doen. In zijn antwoord op het welkomstwoord van koning Albert II verontschuldigde hij zich openlijk bij de vereerders van de heilige broeder Mutien-Marie in Malonne en bij de inwoners van Tremelo en Leuven. Hij verwees uitdrukkelijk naar hun zorgvuldige voorbereiding van vorig jaar. "Het spijt me dat ik daar niet bij kon zijn," zei de paus.

Zijn gezondheid en ook de zware financiële lasten hadden de Belgische bisschoppen verplicht het bezoek danig in te korten en tot iets meer dan een dag te beperken. "Mijn bedevaart heeft een heel precies doel: de kerk wil eer betuigen aan Damiaan de Veuster, uitzonderlijke religieus en priester, met uitstraling over de hele wereld," aldus de paus.

Op zondagmiddag, iets voor twaalf, werd Damiaan zalig verklaard. "Op grond van ons apostolisch gezag verlenen wij de toelating om de eerbiedwaardige Dienaar Gods, Damiaan de Veuster, voortaan als Zalige te vereren," luidde de plechtige proclamatie door de paus in een meer dan behoorlijk Nederlands. (...)

De verrassing kwam er zaterdagavond, toen de pauselijke escorte op weg naar de apostolische nuntiatuur plots halt hield bij de Onze-Lieve-Vrouwekerk van Laken. Dat gebeurde op uitdrukkelijk verzoek van Joannes-Paulus.

Het kwam zo onverwacht, dat het alle persmensen verschalkte. Samen met koningin Fabiola, Kardinaal Godfried Danneels en kardinaal-staatssecretaris Angelo Sodano ging de paus er enkele minuten bidden op het graf van wijlen koning Boudewijn.

In zowat alle toespraken en plechtigheden bracht Joannes-Paulus de figuur van Boudewijn in herinnering. Hij loofde vooral diens houding "bij de verdediging van Gods rechten en die van de mens, in het bijzonder van het recht op het leven van het ongeboren kind." (...)

Rik De Gendt - *Uit 'De Standaard' van 6 juni 1995*

lazen dus niets van moderne literatuur. We gingen tot Timmermans. En dat was nog van het beste! En Ernest Claes, maar dat was heimatliteratuur.

In het Frans was dat anders, met het handboek 'Modèles français'. In de retorica hadden we een professor die Franssprekend was, mijnheer Moerman. Die gaf in het Frans les en hij heeft mij de Franse literatuur leren kennen. Dan heb ik die wat uitgediept, toen ik les gaf in theologie. Vooral met Bernanos, Graham Green, Julien Green, François Mauriac: de Franse literatuur uit het begin van de vorige eeuw. Ik ben dus eigenlijk helemaal opgevoed met de Franse literatuur, zodat ik van de Engelse en de Amerikaanse bijna niets weet. En in de jaren dat ik bisschop ben heb ik te weinig vrije tijd gehad om een roman helemaal te kunnen uitlezen. Behalve in de vakanties, maar dan nog.

En wat leest u dan als romans? Niet noodzakelijk de bestsellers, of de romans waarvoor publiciteit wordt gemaakt?
Nee! Bijvoorbeeld de dagboeken van Julien Green zou ik nu nog herlezen, en de dagboeken van Michel Ciry, de schilder. Dat lees ik graag... En ik herlees ook. Maar dan is er één die boven alle anderen uitsteekt en dat is Shakespeare. Er is een grote moeilijkheid: zijn Engels, dat is moeilijk. Hij heeft een enorm uitgebreid vocabularium en je moet soms het woordenboek raadplegen.

En de grote Franse stilisten van de 19de eeuw: Hugo, Flaubert?
Nee, en Lamartine ook niet. Dat is om bij in slaap te vallen!

En poëzie?
Actuele Nederlandstalige poëzie heb ik wel. De bloemlezing van Komrij bijvoorbeeld. Claus heeft ook schitterende poëzie geschreven. Péguy ook, 'La porche de la deuxième vertu' steekt boven alle andere uit, over de hoop 'La petite fille espérance'. Ik vind dat schitterend. En dan Bernanos. Die schreef ook zeer harde dingen 'Les grands cimetières sous la lune'. Zeer hard.

U noemt allemaal katholieke schrijvers. Die waren er nog in die tijd. Hoe komt het dat er nu geen meer zijn?
Dat is voor mij een raadsel. Ik denk dat er in het christendom, in het geloof en in de hele christelijk-religieuze wereld enorme

mogelijkheden zitten voor literatuur. Maar men durft ze niet meer aan te boren omdat we lange tijd te maken hebben gehad met piëtistische literatuur. Heimatliteratuur over een folkloristisch geloof. Ofwel pure spiritualiteitsliteratuur waaraan een stuk menselijkheid ontbrak. Dat is één reden, een soort erfelijke belasting. En dan de mode: je mag niet langer christen of katholiek zijn, of je bent niet thuis in het wereldje van de literatuur. En dat vind ik ook niet eerlijk. Neem nu Anton van Wilderode. Ik zeg niet dat hij de grootste dichter is, maar die man heeft toch prachtige dingen geschreven. Hij is nooit aanvaard geworden als grote dichter, omdat hij priester was. Hij kon niet binnen in het wereldje.

Zou het ook niet kunnen dat mensen zoals Gerard Walschap, Maria Rosseels, die op een bepaald moment duidelijk stelling genomen hebben tegen de kerk en het geloof, de zaak beïnvloed hebben?
Ik denk het. Maar ik zou het niet zo negatief zien met Walschap en Rosseels. Ze konden zich niet losmaken van hun verleden. Op een bepaald ogenblik moet je kunnen zeggen 'le passé c'est le passé'. Altijd maar weer herkauwen wat ze ons allemaal aangedaan hebben, uiteindelijk is dat ook niet erg intellectueel. Ik denk dat ze dat doorbroken hebben. Misschien hebben ze mogelijke christelijke schrijvers een slecht geweten bezorgd, zo van 'begin daar niet aan'.

Als je nu nog een boek van Walschap leest, vraag je je wel af wat die man zijn probleem was.
Dat vraag ik mij ook af, wat was zijn probleem?

Het moet een verschrikkelijk trauma voor hem geweest zijn, toen hij uit het seminarie gezet werd en ook nog gebroodroofd werd door de katholieke omgeving.
Walschap en Rosseels werden op een bepaald moment ook heftig bekritiseerd door pater Janssen sj. Ik denk dat dat niet zeer wijs was. Het waren natuurlijk geen apostelen van het ware geloof, maar je moet dat ook niet van hen verlangen, het zijn literatoren. Maar in die tijd had men die opvatting niet. Ook als je literatuur schreef, moest het bijna van verre een commentaar zijn op de Bijbel, of er op zijn minst door geïnspireerd zijn.

Ook in andere taalgebieden zijn er geen katholieke schrijvers meer die zich als dusdanig affirmeren.
Heel weinig. Eric-Emmanuel Schmitt snijdt in 'Oscar en Oma Rozerood' een problematiek aan die ik niet meteen katholiek zou noemen, maar toch. Willem-Jan Otten in Nederland is ook iemand die in die lijn schrijft. Je mag van de literatuur niet vragen dat ze een commentaar op het christendom zou zijn. Een van de zaken waarover ik me verwonder en die

ik jammer vind, is dat we geen mensen meer hebben die de dramatiek die ook in het geloof kan steken, als uitgangspunt nemen. In de film gebeurt dat nog wel. Er zijn de laatste tijd films met een christelijke inspiratie. 'The Mission', bijvoorbeeld behandelt toch een geloofsproblematiek.

Maar ook waar is het, dat wie zich als regisseur affirmeert als belijdend katholiek, zoals Mel Gibson, niet meer aan de bak komt.

Inderdaad. Jammer, want met film is veel te doen. Ingmar Bergman, die niet gelovig is, steekt in al zijn films een religieuze problematiek. 'De grote stilte' en 'Wilde aardbeien' zijn schitterende films.

Opvallend is dat 'De grote stilte', een film van drie uur over de kartuizers in Frankrijk, een enorm succes geweest is. En er wordt geen woord in gesproken.

Het succes daarvan uitleggen is moeilijk. Er zit een stuk nieuwsgierigheid achter. Er zit een stuk aantrekkingskracht in de stilte en de leegte en de ernst als men nog nooit in een kartuizerij is binnen geweest. En het succes reflecteert ook een diffuus reveil van het religieuze. Die paters willen niets bewijzen. Ze zeggen ook niet: kom bij ons. Het is hen voldoende er te zijn. Ze zeggen niks en ze werven niets. Het is een meesterlijke zet dat zo te presenteren. Er zijn verschillende motieven die meespelen: de nieuwsgierigheid zeker, maar ook de eenvoud van het leven, niet gecompliceerd, en dan het geheime ontwaken van 'er is iets meer en iets anders'.

Wat denkt u van het succes van de bedevaarten? Bijvoorbeeld naar Santiago?

Het is sportief. Dat is het eenvoudige leven. Met al het beschikbare comfort van vliegtuig en trein gaat men te voet en leeft men naar de omstandigheden. Een bedevaartsoord is al de hele menselijke geschiedenis lang een mysterieus aantrekkingspunt. Een reis maken naar iets, de Mont Saint Michel, Santiago... spreekt tot de verbeelding.

Willen de mensen niet vooral zichzelf tegenkomen?

Ze nemen het risico met zichzelf geconfronteerd te worden. Heel zeker.

Wat vaak traumatisch is...

Het is daarom dat je dat niet onbeschermd moet doen. Nooit alleen, minstens met twee.

Is het niet betekenisvol dat de gastenkwartieren van bijna al onze abdijen en kloosters tijdens de weekends vol zitten? Dat een bekende acteur zoals Jo De Meyere zegt dat hij zich drie maanden terugtrekt in een klooster, na een zware periode van arbeid?
Het is dezelfde motivering: met uzelf geconfronteerd worden, het eenvoudige, sobere leven, de 'vita bona'; en ook een stuk nieuwsgierigheid: hoe ga ik mij voelen? En dan broeit er toch iets van religieuze problematiek. En vooral ook het feit: 'je mag zijn wie je bent, wij willen niets van je. Je moet hier niet komen om binnen te komen, we nemen je zoals je bent'.

Voorstellen, niet opleggen...
Dat is het.

Is de kerk in al haar geledingen klaar om die oproep te beantwoorden?
De kerk is misschien niet het juiste woord, maar Christus is in staat om het te doen. Ik denk dat er nog veel potentieel zit in de Kerk. Maar we zijn een oude Kerk in het westen. En we mogen ook niet denken dat het westen nog het middelpunt is van de Kerk. De Aziaten, de Afrikanen en de Latijns-Amerikanen zullen ze opnieuw uitvinden.

Hoe kijkt u aan tegen de reclamecampagne op Londense bussen met slogans als 'God bestaat waarschijnlijk niet. Geniet van het leven'
Beetje ideologisch. Ik kan evengoed op de tram schilderen: 'God bestaat. Geniet maar van het leven'.

Die tegencampagne is er al...
We begaan beter niet dezelfde fout! Dat is een welles-nietesspel. Hij bestaat niet en dan mag je genieten, of Hij bestaat wel en dan mag je ook genieten. Beetje gek, toch?

Beetje zielig ook?
Ja. Het is daar niet dat het gebeurt. Wat schildert men al niet op een tram! 'Ga naar de supermarkt, de appels zijn dit jaar bijzonder goed!' Dat is niet van dezelfde orde, niet?

Van een andere orde is het succes van atheïstische schrijvers als Richard Dawkins, bijvoorbeeld.
Ik heb 'm niet gelezen, maar ik denk dat het een verzameling is van alles wat ooit gezegd is om het geloof in twijfel te trekken. Hij begrijpt wellicht niets van het geheim van het christendom. Je kunt alles uitleggen op een dergelijke manier. Voor mij is zo een boek gedateerd. We hebben dat allemaal al gehoord, daar zit niets nieuws in.

"HET SCHEPPINGSPROCES IS GEEN DOOS LEGO"

Het is sciëntisme van de 19de eeuw.

De mannen die uit de positieve wetenschappen komen en van daaruit de godsdienst aanpakken en beoordelen, dat is hetzelfde als aan een muzikant vragen wat de zwaartekracht is, of het getal pi. Dat heeft daar niets mee te maken! Je vraagt toch ook niet aan een romanschrijver de diagnose te stellen van een longontsteking? Dat slaat als een tang op een varken! Weet men nu nog niet dat God per definitie ontsnapt aan de kwantitatieve benadering? Anderzijds zijn er ook nog gekken die het creationisme verdedigen! Die zeggen dat er in de ontwikkeling van de species een plan zit! God zit daar als een tramconducteur te besturen en bepaalt hoe de geschiedenis gaat verlopen! Het scheppingsproces is geen doos lego! God zou wel wat beters te doen hebben dan met de blokjes te spelen! Te gek om los te lopen! Schepping is bezig van altijd en ook nu nog. *De minimis non curat praetor*! God gaat zich toch niet bezighouden met hoe het met de aap verlopen is, hij laat de aap ontwikkelen tot de mens. Ik kan niet verdragen dat daar zoveel mensen inlopen. De helft van Amerika gelooft daarin!

Het is wel opvallend dat je de meest rabiate atheïsten vindt bij de biologen en niet bij de fysici.

Ja, de biologen zijn concreet bezig met het leven en de ontwikkeling daarvan. Dan kan je gemakkelijk denken dat je bij God zit aan de schrijftafel, hoe Hij het heeft gedaan. Dat heeft daar niets mee te maken. Maar het is vervelend, want het maakt het ons moeilijk. Ik vind dat je uit de ontwikkeling van de species niet kunt uitmaken of God bestaat of niet. Uit de miljoenen mogelijkheden is er één gekozen die zich doorzet en daarachter zit een Intelligentie, zeggen ze. Dat weet ik niet. Als je tien dobbelstenen op tafel gooit, zal er altijd wel een het verst rollen.

Blijft u erbij dat God 'the first cause' is, de eerste oorzaak?

Ja, maar niet op de wijze van een locomotief die wagons trekt. De eerste oorzaak is een metafysische uitspraak, geen mechanische zoals men zich meestal inbeeldt. 'Eerste oorzaak' betekent dat Hij boven alle andere oorzaken staat en dus niet hetzelfde systeem van causaliteit beoefent. Anders zou Hij niet de eerste oorzaak zijn, maar één uit de serie. Hij is de oorzaak van alle andere oorzaken. Ik heb daar nooit veel moeite mee gehad.

De tijd vraagt dat we rustig bij hem gaan; zitten en overleggen, een dialoog voeren met wijsheid, bekijken wat kan en niet kan. Dat deed de Prediker uit het Oude Testament ook al: "Alles heeft zijn tijd," zei hij. Moderne managementtechnieken hebben het met die wijsheid moeilijker: ze trachten de tijd te verschalken en hem met list toch naar hun hand te zetten. Dat gaat gedeeltelijk, precies tot op het moment dat de dokter mensen aan die oude wijsheid herinnert en zegt: "Je zal het anders moeten gaan aanpakken, want zoals je nu bezig bent, brand je jouw kaars aan de beide einden op ."

De christen heeft zijn eigen wijsheid. De tijd gaat hij niet te lijf als een veroveraar, maar hij beschouwt de tijd als een gave. God schept de tijd, Hij is de eigenaar en wij slechts de beheerders. Dat weten en ernaar leven ontspant. God geeft de christen een drievoudig recept om met de tijd te kunnen leven: geduld, vertrouwen en dankbaarheid. Daarmee kan de christen heel ver komen. Tot de dag dat God de tijd besluit en ons laat binnengaan in het eeuwige Nu, waarin Hij zelf van alle tijden woont.

Uit 'Alles heeft zijn tijd', Paasbrief kardinaal Danneels 2001

BEKNOPTE BIOGRAFIE GODFRIED DANNEELS

Kardinaal Godfried Danneels werd op 4 juni 1933 geboren in het West-Vlaamse Kanegem, als oudste telg in een gezin met zes kinderen. Na zijn middelbare studies aan het diocesaan college in Tielt trok hij naar het grootseminarie van Brugge om er zich voor te bereiden op het priesterschap. Van 1951 tot 1954 werd hij naar Leuven gezonden, waar hij aan het Hoger Instituut voor Wijsbegeerte het diploma behaalde van licentiaat in de Thomistische wijsbegeerte. Daarna studeerde hij nog voort in Rome, waar hij aan de Gregoriaanse Universiteit in 1961 het doctoraat in de theologie behaalde. Ondertussen was hij op 17 augustus 1957 in zijn geboortedorp tot priester gewijd.

Tussen 1959 en 1977 was hij professor in de liturgie en sacramentenleer aan het grootseminarie van Brugge, waar hij al op 26-jarige leeftijd tot geestelijk directeur werd benoemd. Van 1969 tot 1977 was hij tevens professor in de liturgie en de sacramenten aan de theologische faculteit van de KU Leuven.

Op 16 november 1977 werd bekendgemaakt dat hij door paus Paulus VI tot bisschop van Antwerpen was benoemd, als opvolger van mgr. J. Daem. Op 18 december van datzelfde jaar werd hij door kardinaal Suenens tot bisschop gewijd.

In december 1979 werd hij door Joannes Paulus II benoemd tot opvolger van kardinaal Suenens. Op 4 januari 1980 werd hij geïnstalleerd als aartsbisschop van Mechelen-Brussel en voorzitter van de Belgische bisschoppenconferentie. De Paus vroeg hem datzelfde jaar tevens de buitengewone Synode voor te zitten die te Rome gehouden werd door de bisschoppen van Nederland. Aartsbisschop Danneels werd op 2 februari 1983 tot kardinaal benoemd. Als kardinaal zou hij op internationaal vlak het kerkelijk gezicht van de Belgische kerkprovincie worden. Zo vertegenwoordigde hij de Belgische bisschoppen op de meeste synodes die vanaf 1980 gehouden werden. In 1985 werd hij benoemd tot relator van de buitengewone Synode naar aanleiding van 20 jaar Vaticanum II. Samen met Walter Kasper - nu kardinaal en voorzitter van de Raad voor de Eenheid - was kardinaal Danneels auteur van het eindrapport. Hij was herhaaldelijk lid van van het permanent secretariaat van de Bisschoppensynode. Als kardinaal is Danneels goed vertrouwd met het reilen en zeilen in Rome. Vanaf 1978 werd hij lid van verschillend congregaties: de Congregatie voor de Geloofsleer, de Congregatie voor de Bisschoppen, de Congregatie voor de Clerus, de Raad voor de Openbare Aangelegenheden in de Kerk, het Secretariaat voor de niet-gelovigen, de

Congregatie voor de Evangelisatie van de Volkeren, de Congregatie voor de Riten en de Sacramenten, de Congregatie voor de Oosterse Kerken en de Congregatie voor het Katholiek Onderwijs.

Van 1990 tot juni 1999 was hij daarenboven internationaal voorzitter van Pax Christi. Hij engageerde zich ook in de interreligieuze dialoog als Europees lid van de 'World Conference on Religion and Peace' (WCRP).

In september 2002 ontving kardinaal Danneels een eredoctoraat van de Theologische Faculteit van Tilburg (Nederland) en in maart 2003 werd hem een eredoctoraat toegekend door de Georgetown University, Washington DC (VSA).

Sedert 1980 was hij achtereenvolgens ook nog vicaris van de Belgische Strijdkrachten en vanaf 1987 bisschop van het legerbisdom.

INHOUDSTAFEL